# lululemon 方法
## 创始人亲述

THE
STORY
OF
lululemon

［加］奇普·威尔逊（Chip Wilson）／著

赵磊／译

中信出版集团｜北京

图书在版编目（CIP）数据

lululemon 方法：创始人亲述 /（加）奇普·威尔逊著；赵磊译 . -- 北京：中信出版社，2024.5（2024.5重印）
书名原文：The Story of lululemon
ISBN 978-7-5217-6284-6

Ⅰ.①l… Ⅱ.①奇… ②赵… Ⅲ.①体育用品－制造工业－工业企业管理－经验－加拿大 Ⅳ.①F471.168

中国国家版本馆 CIP 数据核字（2024）第 015048 号

The Story of lululemon by the Founder, Chip Wilson.
Formerly written as Little Black Stretchy Pants, Chip Wilson
Copyright © Time Is Tight Communications, Inc.
Chinese Simplified Character language translation copyright © 2024 by CITIC Press Corporation
ALL RIGHTS RESERVED
本书仅限中国大陆地区发行销售

lululemon 方法——创始人亲述
著者：　[加]奇普·威尔逊
译者：　赵磊
出版发行：中信出版集团股份有限公司
　　　　（北京市朝阳区东三环北路 27 号嘉铭中心　邮编　100020）
承印者：　河北鹏润印刷有限公司

开本：880mm×1230mm 1/32　印张：6.25　字数：100 千字
版次：2024 年 5 月第 1 版　　　印次：2024 年 5 月第 2 次印刷
京权图字：01-2024-1293　　　　书号：ISBN 978-7-5217-6284-6
　　　　　　　　　　　　　　　定价：79.00 元

版权所有·侵权必究
如有印刷、装订问题，本公司负责调换。
服务热线：400-600-8099
投稿邮箱：author@citicpub.com

# 赞誉

我和奇普是在亚玛芬的董事会上认识的。我一直好奇这位身高近两米的加拿大壮汉是如何与 lululemon 联系在一起的。有幸受邀推荐奇普·威尔逊的新书《lululemon 方法》，我本来想慢慢读，可在飞机上用两个小时就读完了。这本书讲述了奇普在设计、材料、市场、零售等领域的极致追求，以及如何把 lululemon 打造成一个 21 世纪以来最快速成长的伟大运动品牌。在这一过程中，奇普和私募基金、董事会博弈，最终失去一半股权，被迫离开董事会，这一经历堪称传奇。奇普给所有创业者和投资人提供了难得的经验和视角。全书文字简洁、直接，绝不拖泥带水，一如奇普本人！

——李朝晖

**腾讯集团副总裁、腾讯投资管理合伙人**

这本书详细地阐述了奇普·威尔逊创立 lululemon 的过程。他前瞻性地看到新的赛道机会，并义无反顾地投身于创新与企业文化，创造了一种新的品牌模式。看完此书，你就能知晓 lululemon 为何能成为如此伟大的品牌，这与创始人的初心与坚持有关。此书文笔风趣，内容翔实。奇普分享了在创立 lululemon 的过程中对品牌定位、产品创新、文化打造、渠道模式、资本运作的深度思考。重点打造文化与产品是 lululemon 跟其他品牌最大的不同和成功要素。对打造品牌有兴趣的朋友可以读读这本书。

——欧逸柔

**女性运动服品牌 MAIA ACTIVE 创始人**

作为当代最成功的时尚界企业家之一，奇普·威尔逊在这本传记中展现了对商业和生活的丰富洞察力。

——范鲁贤 (Russell Flannery)

**《福布斯》中文版前总编**

今天，当我们谈论 lululemon 时，一定会谈到它强大的产品力和品牌力，也一定会好奇，这个品牌背后的创始人到底有什么天赋、能力和经验。创业者都明白，媒体报道的内容往往只是被包装的光鲜一面，从成功结果进行倒推会让事情看上去非常像成功学，而这本书所呈现的奇普·威尔逊的第一视角无疑是最宝贵的。由他开创的 lululemon 的许多经营之道直到今天仍然是领先的。这本书不仅介绍了 lululemon 的超级品牌模型，也为中国的超级品牌营造了无穷的想象空间。

——刀姐 doris

**新营销智库"刀法 Digipont"创始人、首席咨询师**

# 目录

中文版序 V

序言　中国和技术服装的未来 XI

引言　我撰写此书的初衷 001

## 第一部分

我的 18 年制 MBA 007

为了生存，必须自立 009

父母离婚 012

紫色衬衫 014

感谢上帝让我学会了游泳 016

找到合伙人 019

## 第二部分

面料 027

为什么女人愿意多花三倍的价钱 031

lululemon 品牌名称的由来 034

关键时刻 039

lululemon 的企业文化和员工培训 041

小公司必须做出的改变 046

lululemon 发展的关键点 049

安宏资本 054

关于接受私募投资的经验教训 062

运营合伙人：鲍勃·米尔斯 066

进军美国市场 069

急需更多董事 072

IPO 的经验教训 073

我成了"高富帅" 075

媒体报道和做空 076

## 第三部分

| | |
|---|---|
| 成为上市公司 | 083 |
| 重组管理层 | 087 |
| 摆脱股价下跌的影响 | 093 |
| 垂直模式的胜利 | 096 |
| 创始人和 CEO | 098 |
| 错失的机遇 | 101 |
| "坏利润" | 104 |
| 安娜·温图尔和雅克·列维 | 106 |
| 战战兢兢的董事会 | 110 |
| 谁是约翰·高尔特？ | 112 |
| 快速增长时要战略上通盘考虑 | 121 |
| 看得见的业绩，还是看不见的品质？ | 127 |
| 个人反思与决定 | 130 |
| ABC 男裤 | 134 |
| 可能发生在创始人和最大股东身上的虚构故事 | 136 |

## 第四部分

回到温哥华      141

CEO 辞职了      146

股价历史最低时      150

与 Kit & Ace 的竞争和冲突      152

虚拟年度股东大会      156

董事会不称职的证据      161

站在风口上      164

想象一下这种场景      166

多元化和公共关系      169

凡经我手俱化成金（70% 的可能性）      173

我的个人展望      176

## 中文版序

中国的读者朋友，大家好，喜闻拙作中文版即将出版，我感到十分高兴。在这里，我想先简单地谈谈 lululemon（露露乐蒙）以及我与中国的故事。

### lululemon 在中国

lululemon 在中国经历了漫长的发展历程。公司最初创立于加拿大西海岸，那里的人热衷运动、重视健康，所以那里便成为该品牌的天然家园。得益于追求身心健康的共识，我们在美国西海岸以及加拿大东海岸的扩张自然随之而来。尽管在运动服装、长寿和健康概念方面有些许落后，但北美东海岸的人很快也爱上了该产品和品牌。

当品牌开始考虑进一步的国际扩张时，亚洲成为我们青睐的理想市场。这不仅因为温哥华的人口中有四成是亚洲人，也因为我们对亚洲人的习惯和文化有所了解。我预想到中国将成为世界上最重要的市场，但直到 2015 年，中国人才开始普遍地将健身服装纳入日常穿着。而早在 2008 年左右，我们就已通过香港一家名为 Pure Yoga 的健身公司进行了踏足中国市场的尝试。

1987—1997 年，我曾在日本经营滑雪服装，对日本的情况积累了充分的认识，因此我们将其作为进入亚洲的突破口，直到条件成熟才进入中国市场。

中国政府对人民的健康非常重视。自从 2008 年奥运会成功举办后，体育运动在社会中越来越普及，体育设施的建设越发完善，竞技赛场上也频繁地出现中国运动员的身影。政府越来越意识到身体健康与人民幸福之间的联系。

因此，2012年，lululemon开始制订进军中国市场的计划。我还记得公司内部召开的那些会议，讨论当时崭露头角的微信，以及如何利用它的传播能力打开中国市场。我们达成的第一个决议是先登陆香港，将之作为面向中国内地最关键的突破点，因为温哥华有许多华裔移民依然和香港的亲朋好友保持联系。这些华裔移民在温哥华和中国之间架起了一座坚固的桥梁。我们觉得公司的理念能够与他们形成共鸣，lululemon可以像在温哥华取得成功一样帮助中国人民改善他们的健身体验。

**lululemon的品牌差异化**

lululemon的成功打破了许多业界固守的营销和品牌规则。因为我们没有钱，所以我们必须呈现出足够富有创造性的营销，从而吸引人们的注意力。我们负担不起大牌运动员的代言费，所以我们决定将品牌的代言人身份赋予社群中每一个热爱运动的人。在每一个开设了lululemon店铺的地方，当地的健身爱好者就是我们关注的焦点。我们从未赞助过运动员，但我们和健身爱好者建立了密切的关系。我们请他们帮忙测试服装的性能，设法改进，并请他们给出宝贵的建议，从而助力我们将业务拓展到世界的更多地区。我们坚信，世界各地热爱运动的人们会比我们更加了解我们的公司，以及各种可能性。

我们最初的目标不是赚钱，而是在温哥华的沿海地区过上舒适的生活。为了让自己对这个目标负责，我制定了一个人才培养战略——我认为它是世界上最完善的战略。我们的精神是付出而不求回报。我们在不要求员工回馈的情况下培养他们，但显而易见，我们的员工在提升自己的同时，也为社区和公司的发展做出了卓越的贡献。

由于我们是一家垂直运营公司，我们给了门店经理很大的回旋余地，并在从门店营销到员工管理的各个方面赋予了他们充分的决策权。我们坚持认为，门店员工是公司中最重要的人，因为他们是与顾客直接接触的人。我们更关心每家店铺里的店员，而不是客户，这就是我们的品牌、营销优势。

**我与中国的故事和展望**

大学期间，我选修了三门关于中国的课程，内容甚至涉及这个国家的石油工业经济。我一直着迷于这个国家的古老历史，也阅读了许多相关书籍。1987 年，我第一次带着自己的滑雪服生意来到中国。在之后的多次中国之行中，我见证了中国基础设施惊人的完善速度，当然，还有中国人亲手缔造的、充满可能性的蓬勃未来。2013 年，我唯一一次以旅游者的身份进入中国，当时我花了三周时间从北到南、从东到西穿越了这片土地。中国是美丽的，我非常鼓励对这里感兴趣的人前去探访。

我很荣幸能成为一家名为 AMER 的公司的一员，并在投资中获得了如此多的乐趣。我的合作伙伴安踏、腾讯和一家名为方源资本的令人惊叹的私募股权公司让我得以与中国、中国文化以及我的合作者保持密切联系，并与他们成为密切的合作伙伴。通过这些联系，我们将选择五个全球品牌 [ 始祖鸟（Arc'teryx）、阿托米克（Atomic）、萨洛蒙（Salomon）、壁克峰（Peak Performance）和威尔胜（Wilson Sporting Goods）]，并对它们进行指导，以确保它们的产品能够让全球消费者过上更幸福、更健康、更有趣的生活。

最后，我想说的是，lululemon 的愿景是为人们创造更长寿、更健康、更有趣的生活，这一概念诞生于温哥华。我们现在可以看到，中国客户也认同这一愿景。我由衷地希望这本书能为中国读者带来关于 lululemon 的新认识，也能让我和中国读者有更多愉快的交流。

## 序言
# 中国和技术服装的未来

本书所讲述的，与其说是 lululemon 的品牌故事，不如说是运动休闲风的历史，或者是被我称为"街头技术运动风"[①]的历史。"运动休闲风"是纽约时尚媒体使用的一个超级蹩脚的术语，他们希望能重新定义人类服装史上最大的一次变化，而他们原本没有抓住这一变化。街头技术运动服装最早出现于 1979 年，虽历经 40 年发展，但仍处于蹒跚学步的状态。我相信真正的技术服装（并非那些只是看上去技术感十足的时装），会持续帮助人类节省时间和发挥最大潜能。

---

① "街头技术运动风"（streetnic）一词由威尔逊提出，指"运动 + 技术 + 街头"（stretch+technical+street）。——译者注

由于亲身经历了 lululemon1998 年成立以来的指数级增长，我一直在关注海湾对面北温哥华的另一个品牌——始祖鸟。自成立以来，始祖鸟就一直是世界上技术含量最高的户外夹克品牌。具有讽刺意味的是，它的这个名声得之近乎偶然。

始祖鸟最初为人所知，是它能生产全世界最好的攀岩吊带这种攸关生死的产品。随后，始祖鸟决定进军服装行业。鉴于毫无服装生产经验，他们就从自己最了解的事情做起——像制作攀岩吊带那样制作户外夹克。他们的设计追求极致完美，采用军用标准进行质量控制。他们的夹克面料结构优于所有同类产品，但也因此非常昂贵。

不过，住在温哥华、常在附近的滑雪胜地惠斯勒玩雪板的我观察到，登山向导只穿始祖鸟夹克。始祖鸟与 lululemon 有着完全相同的设计理念，但出发点却截然不同。我记得我一直在想，如果我能买下始祖鸟，采取 lululemon 的创新零售模式，始祖鸟就可能和 lululemon 一样值钱。

从 2004 年开始，收购始祖鸟的念头每隔几年就会在我的脑海里翻腾一番。但 lululemon 的发展突飞猛进，我们招聘和培养足够的人才只能勉强满足现有的业务需求，完全没有能力再接管始祖鸟。这本来是人生中的一个大好机遇，但我显然不得不放弃。

最后，在 2018 年（尽管当时我仍然持有 lululemon 22% 的股份），我决定重新启动积极收购始祖鸟的计划。我请了一位银行家来调查出价情况。

几年前，始祖鸟被出售给芬兰赫尔辛基一家名为亚玛芬体育（Amer Sports）的体育用品集团。除了始祖鸟，亚玛芬还拥有其他一些令人印象深刻的全球品牌，包括法国的萨洛蒙、奥地利的阿托米克、斯德哥尔摩的壁克峰和芝加哥的威尔胜等。然而，我知道其极端保守的商业模式无法充分发挥始祖鸟的发展潜力。

亚玛芬公开发布的财务数据很乱，难以评估，因此难以收购。但凭借 30 年的服装行业经验，我只要观察一家门店 10 分钟，就能把年销售额和利润估计得八九不离十，误差不会超过

5%。我知道在亚玛芬旗下一大堆品牌中，始祖鸟仍有很大的上升空间。

我变得越来越兴奋，因为我终于要下场一搏了。

这笔交易的规模将超过 50 亿美元。我知道，单凭我的专业知识，不可能单枪匹马地完成这么大的交易。我决定去中国找一家世界级的私募股权公司和合伙人。我不知道的是，就在我研究报价的同一周，还有一家财团也对亚玛芬发出了收购要约。这家财团包括中国运动服装和运动鞋的领导者安踏、私募股权公司方源资本，以及中国跨国投资控股集团腾讯控股。它们的联合报价是 40 美元 / 股，总计 59 亿美元。

我对这些公司的尽职调查告诉我，它们非常出色。

安踏尤其引起了我的兴趣。2020 年，安踏超越竞争对手，成为中国体育服装行业的霸主，拥有 11000 家安踏门店和 1500 家斐乐（FILA）直营店。安踏掌门人丁世忠和他的家族白手起家，将安踏打造成一个运动鞋品牌，随后又收购斐乐中国的业务，进一步丰富了旗下的体育服装产品。安踏在垂直零售领域的经验令我很受鼓舞，我敢打赌，他们知道直接面向消费者的商业模式是多么有利可图。

他们的优势还不止这些。财团中的方源资本由一支经验丰富的前高盛团队领导，他们的交易履历令人印象深刻。这笔交易将是他们最大的一笔交易。

不过令我失望的是，中方财团在我听说他们的计划之前就已经联系了亚玛芬。这是一支成员个个出类拔萃的梦之队，我想也许我可以作为合伙人加入他们。也许我的经验、我所在的地区以及我对温哥华技术服装市场的了解，会让他们感觉物有所值。

在我看来，安踏可能正在采取行动，成为一家全球性公司，而亚玛芬的交易将是朝着这个方向迈出的第一步。我相信，有安踏在中国的零售渠道的支持，亚玛芬的加速成功指日可待。为什么？我长期在中国旅行、合作和生产产品，到 2018 年已历经 30 多个春秋。我目睹了中国的巨大变化，并认定中国拥有显著的优势。事实上，我认为中国最大的优势恰恰是这个国家在西方国家眼中的最大劣势：重视集体认同胜过个人认同。中国的政府和上市公司治理结构似乎可以让决策的速度更快。而中国的决策更倾向于以整体利益为重，较少强调少数人的利益，也不太会受社交媒体的压力左右。我相信，在全球快节奏的数字革命中，快速决策会是最重要的一个差异化优势。

最后，我成了亚玛芬交易中 20% 的合伙人。我还向安踏投资了 1 亿美元，成为持股 0.06% 的股东。现在，我唯一的工作就是支持我们的财团领袖丁董事长，协助他实现自己的愿景并发扬光大。另外，我也有机会对组织架构进行批判性思考，并帮助找到优秀的人才来充实我们的团队。令我激动和兴奋的地方在于，我相信亚玛芬最有可能通过体育行业的革命性发展来提升年轻人的生活。这正是我梦寐以求的事情。

2020 年 4 月，当我写下这段文字时，我们正处于疫情危机之中。全球所有的零售商都关门停业，但随着电商销售额的持续增长，它们已经基本弥补了门店损失。不过，我清楚地意识到，我们所熟知的时尚可能会在两三年内销声匿迹。就像20世纪两次世界大战期间一样，人们没钱去孟浪轻狂了。而我更加笃定的是，健康、运动和走向户外将变得比以往更加重要，实用、舒适、时尚、优质的运动品牌将会重创一次性时尚服装，实现一次跃迁。

## 引言
# 我撰写此书的初衷

这是一本关于普通人的书，讲述了他们如何抓住机遇，大胆创造，勇于创新，并最大限度地发挥潜力。我在这本书里所说的一切，全部来自我从成千上万次错误中积累的经验教训。我一手打造了 lululemon 的文化、商业模式、优质平台和人员培养计划，但是后来黯然出局。lululemon 的指数级增长，以及它的文化和品牌实力，在业内罕有敌手，而这一切都要归功于那些选择成就辉煌的员工。lululemon 是一项社会实验，旨在判断将人的发展置于利润之上是否也会产生超额利润。事实证明，这个实验是成功的。

这也是一本关于错失机会的书，并且错失机会长达五年之久。我的风格是力争胜利，而我创建的这家公司请来的董事们却是但求不败。我们简直水火不容。lululemon 为服装，为我们如何看待衣着开辟了一个新天地。2013 年，正值五年的指数级增长刚刚起步之际，正当人们的着装方式即将发生历史上最重要的变化的关键时刻，lululemon 自己却崩溃了。公司在女性技术服装市场的占有率从 2011 年的 95% 暴跌至 2018 年的 10%。所以，我希望这本书也能让企业家们开卷有益，有所领悟。

企业的成功离不开两大要素。首先是产品和客户，企业家对这一要素的感受比世界上的任何人都要深刻。其次是上市公司的董事会治理。这包括马基雅维利式的权力转移以及高管和董事会成员之间的生存斗争。一般来说，这不是企业家擅长的领域，至少肯定不如他们对产品和客户的了解那么深刻。在这方面，我的故事也没有什么特别的地方。我与成功的企业家交谈的次数越多，我就看得越明白，发生在我身上的事情其实早已司空见惯。

我相信生活中的每个人都有迥异的基因特质和独到专长，可以让自己在这个世界上谋得一席之地。我的专长是能够捕捉到运动和服装趋势。我创办的第一家公司名叫威斯特比奇（Westbeach），当时，也就是1979—1997年，正是冲浪、滑冰和单板滑雪文化兴旺发展的时代。但到了1998年，我又有了和以前一样的强烈感觉：瑜伽即将迎来大爆发。

那时我不可能知道瑜伽这项运动会发展到如此巨大的规模，更不会知道lululemon会实现任何企业都难以企及的爆炸式增长。我在温哥华基斯兰奴成立的这家小公司，居然会一路成长，重新定义一代人的着装和生活。事业的成功当然给我和我的家人带来了巨大的经济回报，但在当时，我放手一搏的举动，很可能会让自己轻易地失去一切。这段旅程既令人振奋，也让人恐惧。我当年已经42岁，尚有幼子要抚养，却要押上全部身家。

在引领lululemon历经15年兴奋而又刺激的发展之旅后，我被传说中的煽情媒体巴士撞翻在地。那段时间，媒体通过编故事来增加广告收入的做法正大行其道。但当大家开始深挖我的思想根源时，我退缩了，这是我一生中第一次转入防御。讲真话不再被接受，甚至根本就不可能讲真话。不过，现在我不再担心负面报道了，因为我选择不接受那些胡编乱造的写手的煽情评论。我想要拥有一个不平凡的人生，而要成就不凡，我就必须为自己设定的未来之路感到自豪，尽管那条路鲜有同行者。

这本书描写的就是那段旅程，它记录了我的感受和领悟。

我想在这里插播一段题外话（这正是我一贯的风格）。我为lululemon购物袋设计过一句宣传语："没有莱特兄弟发明的第一架飞机，就永远制造不出喷气式飞机——伟大必始于无名。"20世纪八九十年代曾出现一个新的术语——"可见内裤线"（visible panty line）。在那句宣传语中，我本意是希望感谢丁字裤的发明人解决了这个令女性备感不便的问题。如果没有丁字裤的发明，我很怀疑lululemon和街头技术服装能取得现在这样的发展。

第一部分

# THE
# STORY
# OF
# lululemon

# 我的 18 年制 MBA

"事实证明,这是一种教育,
远比我带走的 80 万美元更有价值。"

我正式失业了。在投资方莫肯特尔和其他几家银行拿走它们的股份,我们的原始债务也全部清偿之后,每位合伙人把大约 100 万美元(税后 80 万美元)带回了家。回首过去,我只记得自己一直在埋头苦干,工作连轴转,出差不停脚。现在有了这么一大笔钱垫底,简直是难以形容的解脱。经过如此漫长的一段时间,我终于能停下来喘口气了。

威斯特比奇的利润为零。我们的两家垂直零售店每年收入为 100 万美元,而我们的国际批发业务同期亏损 100 万美元。

从这里可以总结出一条千金难买的教训：要做就做纯粹的垂直零售模式。这条原则将成为我下一次创业的关键所在。像这样的深刻感悟还有很多，也正因为如此，我开始将威斯特比奇时代视为我的"18年制MBA（工商管理硕士）"。事实证明，这是一种教育，远比我带走的80万美元更有价值。我在中国的旅行和制造岁月将成为我最大的财富之一。

刚走出大学校门的时候，我对面料的生产、如何开设门店、如何达成合伙协议一无所知，也完全不懂如何卖货或收款。我没什么商业经验，对融资、买卖和交易更是一窍不通。我还是一个糟糕的谈判者。实际上，从很多方面来看，我当时只想像我父亲一样当一名体育老师。

但最重要的是，我想帮助人们充分发挥潜力。

# 为了生存，必须自立

"在尝试所有事情都亲力亲为的过程中，
我犯了很多错误。"

随着我们兄妹三人渐渐长大，整日游泳，我们也燃烧了天文数字的卡路里。但在我父母的婚姻无可挽回地走向解体之后（当时我只有13岁），我们的茁壮成长变成了现实生活中的沉重负担。离婚尘埃落定后，我的父亲不得不以体育老师的微薄收入来支撑两个家庭的开销。

有一天我回家吃午饭，冰箱里什么也没有。靠打各种零工维生的妈妈正在外面打工，但信箱里有一张赡养费支票。因此，我在支票上伪造了她的签名，在西夫韦超市兑现，买了点吃的，回家填饱了肚子。

现实的窘境使我（或至少是我潜意识中的那个孩子）明白了一点，我无法指望生活中的任何人来照顾我，包括爱我的人。为了生存，我必须自立。

随着年龄的增长，在任何情况下，只要我感到自己的生存受到威胁，我的自立精神马上就会冒出来。当我发现自己在业务或人际关系中处于困境时，我往往会避开身边的所有人，然后想："我要自己解决这个问题，我不能指望有人来帮助我。"我甚至得出一个不成熟的结论，那就是向别人寻求帮助没有什么意义。

在创建了我的第一家公司威斯特比奇之后，我相信自己永远都不能休假，不能请假，每一项举措，每一个决定，我都必须全力以赴。在尝试所有事情都亲力亲为的过程中，我犯了很多错误，也没有意识到其实人们喜欢帮助充满激情、勤奋努力的人。

后来，通过里程碑论坛（Landmark Forum）的自我发展课程，我学会了如何帮助个人、家庭、公司和政府制定自己的"行动预案"。行动预案这种方法很适合在人生的早期阶段学习，这样，当孩子真切感受到生存压力的时候，他就能制定一项策略来帮助自己渡过难关。行动预案仿佛是人生的压舱石，每当人们发觉自己受到威胁时，他们的行动预案（无论是否有效）都会在潜意识中发挥作用。后面，我会谈一谈lululemon的行动预案。

# 父母离婚

"与一般人感受不同的是，现在回头再看，
我觉得父母离婚对于我们来说反而是一件好事。"

与一般人感受不同的是，现在回头再看，我觉得父母离婚对于我们来说反而是一件好事。尽管我父亲是土生土长的阿尔伯塔人（阿尔伯塔省以石油商业保守主义著称），但他骨子里却是一个嬉皮士。他理想的伴侣是平等的伙伴，一切事情都商量着来。但我母亲想要的却是女主内、男主外，希望将大部分决策和领导权交给丈夫。在从离婚到再婚的这段时间，母亲辛苦积攒了一点微薄的收入，每年可以带我们去一次卡尔加里最好的餐馆品尝大餐。回想起来，我知道母亲是在为我们提供一个窥视美好事物的窗口。要不然我也没有别的办法能够充分体验什么是对客户服务、氛围和产品卓越的极致追求。

虽然我父母合不来，但是两人分手后，他们再婚的对象却成为他俩各自的理想伴侣。再婚也改变了我父母各自的财务状况。我妈妈后来嫁给了弗兰克·康拉德，一位聪明的地质学家。我们的生活状况发生了巨大变化，从湖景区搬到卡尔加里皇家山的上流社区。左邻右舍都是富裕家庭，也都是兢兢业业的正派人家。我交到很多新朋友，从他们的父母那里学到了很多东西，而且我发现那些朋友张开双臂欢迎我。

同时，我父亲娶了一位名叫凯茜·莱内斯的妇女，她当时是加拿大航空公司的空姐。这真是一次绝佳的机缘。作为家庭成员，我们三个子女每年有权享受五次免费旅行，可以去世界任何一个地方，而且只要我们还在上学，这一福利可以一直享受到 25 岁。

在我 25 岁之前，我借此机会环游世界。到 1980 年，年仅 25 岁的我可能已经成为全世界我这个年龄段中旅行次数最多的人。

# 紫色衬衫

"一旦懂得如何将自己从过去的经历中解放出来,我就具备了拥抱未来各种新思奇想的能力。"

十三四岁的时候,我曾经和来自阿尔伯塔省斯泰特勒这个牛仔小镇的一位女孩约会。当时我买了一件很酷的吉米·亨德里克斯风格的紫色衬衫,冥冥之中预示着设计和时尚将成为我一生的挚爱。但当我去她家接她时,她看着衬衫,那种神情被我的青春期大脑解读为"喔,真丑"。

我俩去一个同学家参加聚会,情况并没有好转,似乎每个人都在取笑我的衬衫。这令我大为受伤,后来我这辈子再也没有买过紫色衬衫。而随着年龄的增长,我对许多其他颜色衬衫的糟糕体验也越来越多。结果,我在买衬衫的时候,尽管有 10 种颜色可选,但我只会选择白色。我相信,对于这种逐渐消除各种可能性的过程,我们在选择汽车、鞋子、业务流程,甚至配偶身上也都经历过。

我们都曾因为以往的一些经历而与未来的潜力一刀两断。我的个人成长经历使我对这一点体会尤深。我们以往的经历会下意识地使我们不再相信生活中一切皆有可能。其实,即便我 13 岁时做的某件事没有达到预期目的,也并不意味着在我生命中的其他时候再做一次还是没用。

想象一下,如果我在 30 岁时出了车祸并彻底失忆。那么丧失了以往记忆的我再去花 100 美元买一件衬衫,我就可以自由选择所有颜色了,包括紫色。关键是,在我以后的人生旅途中,一旦懂得如何将自己从过去的经历中解放出来,我就具备了拥抱未来各种新思奇想的能力。我的过去不再限制我的未来。领悟到这一点,足以改变人的一生。我也因此更加迫切地希望在未来的公司中培训有创造力的人。

# 感谢上帝让我学会了游泳

"50% 的游泳者是女孩,她们成了我绝对的最好朋友,甚至成为某种家人一样的存在。"

1972 年,我 16 岁就从高中毕业了,因为我跳过了高二。即使跳级,我也是班上块头最大的孩子。但是,我还是一个平庸的学生。人们似乎总想在交往中让我做一些我做不到的事。我记得一群小伙子来到我身后,边走边说:"大似公牛,蠢如冰箱。"我现在知道每个孩子都有感到不安全的时候,但那会儿想不了这么多。我的不安全感表现为我在学校交不到朋友。

20 世纪 90 年代之前,几乎所有的卡通片、电视喜剧与滑稽模仿秀都喜欢拿笨拙的金发女郎和头脑简单、四肢发达的男性运动员开玩笑。这两种人物刻画固化了普通民众对金发碧眼的美女和大块头的橄榄球运动员的认知。结果，我学会了利用这种偏见来为自己谋取好处。人们以为我理解不了复杂的想法，所以在30岁之前，我一直装傻，通过这种小伎俩来学习了解本来不会接触到的东西。

不过，我在游泳池里的社交生活却很开心。50%的游泳者是女孩，她们成了我绝对的最好朋友，甚至成为某种家人一样的存在。为了打比赛，我们一起生活和旅行了很多年。和我一起游泳的一些女孩后来成为奥林匹克运动员。我们的教练泰德·托马斯成了加拿大的奥林匹克游泳教练。

我对女性的驱动力和竞争力的了解来自这些朋友。让我印象深刻的一件事是，女孩们不断抱怨泳衣肩带的位置不好，导致腋下因为成千上万次挥臂划水而出现皮疹。姑娘们不停地提出肩带设计的新想法，但速比涛（Speedo）从来没有派人来听一听她们的创意。

到了上大学的时候，我已赢得好几份游泳项目奖学金。这些钱至关重要，因为我的父母没钱供我上大学。那时，我的游泳运动员生涯已经来到一个转折点。我身高一米九，体重约200斤，身材比当时的普通游泳者高出一大截。我知道，这意味着我只能参加短距离比赛项目。

竞技类游泳项目很长一段时间以来主要是50米和100米比赛，尤其是在1976年奥运会之前。但现在有了新的变化，主要是增加了200米和400米比赛。由于没有那么多的比赛供短距离选手参加，我知道我的竞技游泳生涯即将结束。

另外，我的生活已经被高度程序化的训练课程支配了很久，特别不想再被人呼来喝去地告诉我应该做什么了。我决定不接受奖学金。

# 找到合伙人

"我们营造了一种别人没有的品牌、文化和营销方式，并立即让整个体育用品行业刮目相看。"

我开始考虑合伙的事。如果我不与人合伙，一旦滑雪运动异军突起成为主流，那些拥有更多钱和更多专业知识的人就会把我打垮。机缘巧合，斯科特和理查德当时正在扩充他们门店的服装订单。到1985年夏天，我们三个人开始讨论联手。

在合伙企业中，有抱负的企业家可以学习如何将各种技能组合在一起使业务良好运转。你需要设计师／创意和远见卓识；你需要一个具有良好结构和会计意识的人；你还需要一个善于和人打交道的人，一个发自内心爱和人相处的人来摆平销售的事。要想在一个人身上找到所有这些技能几乎是不可能的。

我感觉与斯科特和理查德合伙有可能实现这些专长的融合。斯科特在销售和人际关系上很有天赋。理查德有很强的创造力天赋，但他比我们的目标人群年龄大得多，所以在一般情况下，他适合去处理账本和业务方面的事情。我则身兼制造商、产品开发人员和设计师数职于一身。

在我们讨论合伙的过程中，我很快发现拓展一项业务涉及太多的方面，完全超出了我的经验。理查德知道怎么处理应付账款、应收账款、如何正确开票。而我不了解付款条件和融资方式。以前，如果有人给我寄了发票，即使30天后才到期，我也会在5天内付款。如果我按照理查德的方式做事，我本可以在发票到期前的这段时间内使用这笔钱。理查德对于建立仓储和发货渠道也颇有经验。而我要是一个人的话可能永远也搞不清如何做到这一点。（不过，我最终发现，在5天内支付发票款项是垂直零售的关键。那时我还不知道的是，供应商非常喜欢我，因为我是一个特别痛快的付款人；我获得了优质的服务，并且可以接触到所有新产品和技术。）

我未来的合伙人认识到，我供应的服装比帆船装备销售势头更好，利润也更高。他们决定支持威斯特比奇服装，以及我负责分销的其他品牌。通过合伙，他们可以从我的成本加价利润里分成。我们觉得绑在一起干，就能使自己在即将到来的冲浪和滑雪潮流中占得先机。

1985年9月，我将公司66%的股份出售给了理查德和斯科特，与他们正式合并。威斯特比奇现在确实成为一家西海岸公司。最初，我们的公司发展迅速，架构模式也发生了很多变化。

"公司开始从垂直零售模式发展到批发模式，"斯科特回忆说，"虽然奇普的工作重心是去加利福尼亚把自己的门店装满东西，但我们的新重点是进口并批发销售给加拿大的门店。那边的冲浪衣市场正在疯狂增长。"

那个秋天的晚些时候，我们一起去蒙特利尔第一次参加了服装工业贸易展览会。在20世纪80年代，东海岸体育用品展会的展位都很奇怪。各家公司的展位全由男性销售代表把持操控，他们穿西装，打领带，还抽烟。他们卖的所有衣服闻起来都有股烟味。这是东海岸常见的商业文化，但不是我想要的经营方式。我讨厌让一些穿得衣冠楚楚的不健康人士卖运动产品，因为一切都显得那么假。

我们带着冲浪板和滑雪板，穿上短裤、T恤和人字拖，用一辆大众敞篷车完成了贸易展览会上的首秀。我们一边谈生意，一边播放"速度金属"[①]音乐，玩得很开心。我们营造了一种别人没有的品牌、文化和营销方式，并立即让整个体育用品行业刮目相看。

在接下来的几年里，我们每年都会参加几次贸易展览会，不仅是蒙特利尔，也去日本、拉斯维加斯和慕尼黑这些地方。参展逐渐成为生活的一部分，而参展的目的则是确保我们品牌的批发交易。

---

① 速度金属（Speed Metal）是20世纪80年代早期重金属音乐的一个分支。——译者注

我要到很久以后才了解到垂直零售的力量。而在当时，我一门心思要努力实现有效的规模经济生产。即使到合伙企业走上正轨之后，批发交易似乎也是快速增加产量的最佳方法，因为批发可以让客户数量呈现指数增长。

尽管第一次参展很有趣，感觉也不错——毕竟这是我们合伙关系顺利起步的一个积极信号——但我没有意识到我们即将陷入怎样的财务困境。虽然初出茅庐，但威斯特比奇已经深陷债务危机。

第二部分

# THE
# STORY
# OF
# lululemon

# 面料

"改进面料花了六个多月的时间。"

从我的第一堂瑜伽课开始,我就确切地知道我想用什么面料来制作瑜伽服装。我曾用自己看中的理想面料制作单板滑雪服的第一层内衬,供给新兴的14~18岁女孩单板滑雪服市场。当时的那个版本的衣服很厚,缩水也很厉害,但是这种特殊合成纤维的棉质感却是惊人的。它之所以独特,是因为我能将技术特性应用于合成纤维,从而起到吸汗和除臭的作用。而它的另一个额外好处是,它是亚光黑色的。我在威斯特比奇的时候,面向全球批发出售了57条这样的裤子。而购买这些产品的所有57位女性都写信给我,要求再多买一些。

我意识到轻质化的版本会是瑜伽服的理想选择。我的主要发明是将板型做超宽裁剪，基本上是现有舞蹈服裤子面料的两倍。这样当面料被拉伸时，不会透光或发亮。我与一家面料厂合作，以改善缩水率、重量和技术性能，但面料仍然缩水太多，质量虽不错，但还不算出色。

接下来要考虑的是服装的针脚和缝合。从 1979 年作为一名运动员设计铁人三项服装的那一刻起，我就知道潮湿、粘身的服装加上反复运动总是会导致擦伤。

我不信任何人穿着耐克短裤跑 10 千米而大腿内侧不出皮疹。他们把大腿内侧的接缝就那么留着不做任何处理。对于肌肉发达的人来说，穿着这种短裤运动是非常痛苦的。

问题是，1998 年还不存在运动设计师。从学校毕业的设计师百分之百都专注于 T 台时装或婚纱，压根就没有直男设计师这类人。我敏感地察觉到，市场缺乏从直男视角看待女装设计的设计师。那么随着时间的推移，这是否会成为一个非常重要的差异化优势呢？设计师首先是审美驱动的。服装的功能性引不起高级时装设计师的兴趣，因为隐藏的技术在时装T台上是看不到的。

在此前的一两年中，我曾看到过一种新型服装结构的报道，两块面料用一种称为平缝的技术拼合在一起，这意味着服装内侧没有凸起的缝合线，因此也就可以减少运动引起的皮肤擦伤。

我马上意识到，平缝对于解决皮疹这个头号运动痼疾至关重要。但是，缝纫机的成本让人望而却步。另外，还要培训经验不足、做事青涩的零售人员去向消费者宣传这种隐藏技术的种种益处。这项工作的挑战性更高，可能很难让消费者理解其中的价值。

改进面料花了六个多月的时间。在这段时间里，我还进行了一次大采购，总共花费80000美元购置了两台日本平锁式缝纫机。

完成机器进口和面料开发工作之后，我出售威斯特比奇股份的套现资金已经花掉了一成多。感觉这真是一笔巨额现金支出，尤其是考虑到我离最终产品还有很长的路要走。

使用平锁式缝纫机，我可以将每条裤子的工时减少到大约6分钟。几乎就像使用机器人一样。我有昂贵的面料、昂贵的机器，以及低廉的人工成本。有这类机器人式的机器相助，我在加拿大就可以制定能与亚洲制造相媲美的价格。

在平缝技术出现之前，所有接缝都很丑，因此时装设计师将它们隐藏起来。但是现在借助精美的平缝技术，我可以将接缝放到服装外面，以此作为防止皮疹的功能性解决方案。而我无意间又发现，把接缝转到衣服外部可见之后，我还可以使用这些接缝线来突出女性的形体美。

我相信这个接缝的创意改变了未来20年的时装设计。不过还是要顺便说一句，只有在有人发明了拉伸率与织物相同的接缝线之后，平缝技术才得以成为现实。

# 为什么女人愿意多花三倍的价钱

"我知道只要把 lululemon 穿上五年,女人们就会明白这是她们有史以来最好的投资。"

即使我的产品价格是最流行的现有品牌价格的三倍,我也可以通过垂直零售模式提供优质产品供客户大量购买。星巴克在咖啡生意上就是这么做的。

乍一看,没有人能相信一个人会付出平均价格的三倍来追求更好的质量,但是我知道,"超级女生"(Super Girls)都有一份能够为她们带来丰厚报酬的专业工作。我知道她们愿意为自己的衣橱花钱。我知道只要把 lululemon 穿上五年,女人们就会明白这是她们有史以来最好的投资。

她们有钱，热爱健康、有机食品和运动。她们身材出众，比前几代妇女生孩子的时间推迟了 4~8 年，因此她们可以在穿衣打扮上花更多钱，不必担心怀孕后身材会发生怎样的变化。超级女生的消费倾向是购买数量更少，但质量更好、款式风格更持久的衣橱必备衣物，而优质的面料和精巧的结构将花费更多。

经过精心设计的运动服使其在体育馆外也可以自由穿着。现在，人们可以穿着运动服去喝咖啡。但在 lululemon 品牌打响之前，人们从来没有觉得整天穿着运动服在外面溜达是一件很惬意的事情。

至少在理论上，我遇到了理想的客户。为了使这层关系更上一层楼，我们必须与超级女生们对话，请求她们帮助我们为运动服装创造新的未来。

虽然我相信女性会对我脑海中的设计做出积极的反应，但我的经验告诉我，必须联系目标客户并听取她们的意见。在联系消费者上，我的方法屡试不爽并且久经考验，那就是主持设计会议，精确找出女性想要的东西。

我能感觉到美国东海岸时装大厂的衰落，因为从长远来看，购买在形象和一般质量基础上打造的快时尚品牌，没有任何意义，还不如选择一个有五年品质保证的真材实料打造的品牌。当然，我也知道，如果这款产品不能强化女性自我形象的美感，再好的质量和技术，她们也不会多看一眼。

# lululemon 品牌名称的由来

"它是凭空创造出来的。完全是凭空创造。"

我想出了大约 20 种可能的品牌名称和标志，甚至包括 Athletically Hip。说起 lululemon athletica 这个名字，还有一段有趣的故事。

在威斯特比奇，我们购买了一个名为 Homless Skateboards 的滑雪板品牌。这个品牌我们做了两三年，在日本变得非常流行，因此我开始为它注册商标。但是在注册商标的过程中，我发现这个名字已经存在无数种变化，主要是因为在法语里 hom（或 homme）的意思是"人"。给这个品牌注册商标不是一个可行的选择。

双板滑雪已经过气，单板滑雪正大行其道，所以我告诉我们的所有分销商和销售人员，Homless 滑板就做到这儿了。我认为没有必要再在品牌或滑雪板上投入更多资源。

要了解日本人的心理，重要的是要知道，如果你的产品得到了他们的喜爱，那么在供货两年之后你突然不卖了，它就会变得像珍稀艺术品一样价值翻番。那年，也就是 1990 年，当我将威斯特比奇的新款单板滑雪服带给日本买家时，他们问："奇普君，Homless 在哪里？"

我告诉他们："我们不再做 Homless 了。"

第二年，即使单板滑雪服在日本一炮打响大受欢迎，日本买家还是问我同样的问题："奇普君，Homless 在哪里？"

我只好再次告诉他们我们不再做这个品牌了。当时正值日元汇率走向巅峰之际，日本人在北美购买酒店、房地产和品牌的速度与中国人在2018年的购买速度一样快。我们也接到了日本买家的电话。

这一次是购买 Homless 品牌名称的要约。这令我颇感意外，因为我没有给"Homless"注册商标，所以威斯特比奇实际并不拥有它。我给日本人报了一个自觉很荒谬的价格，没想到他们只过了短短几秒钟就回来说"好"，这着实令我大吃一惊。我感觉这可能是我这辈子赚得最轻松的一笔钱。

在那之后，我常常琢磨为什么我的日本买家这么喜欢 Homless 这个名字。我可以感觉到，大型日本商社非常青睐听起来像是北美/西方产品的品牌名称，因为当时的日本消费者想要"地道的"美国货。

通过进一步思考，我发现日本人喜欢 Homless 这个名字，似乎是因为它里面有字母"L"，而日语发不出"L"这个音。对日本消费者（尤其是20来岁的消费者）来说，带有"L"的品牌名称听起来更像是北美/西方的原产商品。

这听上去是个好主意，因此在接下来的几年中，我使用了很多头韵带"L"的名称，"L"这个，"L"那个。我在笔记本里随手记下了很多组合变化，并且把这个习惯一直保持到为我的新瑜伽服概念开发品牌名称的时候。在这个创造性的实验中，lululemon 是我写下的一种可能性。

它是凭空创造出来的，完全是凭空创造。当时这么做是有风险的，因为那时"lemon"这个词总是和 20 世纪 80 年代末劣质底特律汽车联系在一起。但是，它也代表新鲜活力。不管怎样，我首先必须看看焦点小组对此有何反应。

我把 lululemon 这个词的首字母设定为小写，因为我不希望像有些专注男性市场的公司旗下那些运动品牌一样，把一个运动品牌搞得那么咄咄逼人。同时，我绘制了一堆徽标，供焦点小组讨论，然后与图形艺术家斯蒂芬·贝纳特合作，他在我画的艺术变体"A"周围画了一个圆圈。"A"呼应的是"Athletically Hip"这个名称。

要为公司名称注册商标，这个名称必须在营销名称后附加一个"描述符"名称。因此,一旦我把公司定名为lululemon,我就需要一个描述符来解释公司是做什么业务的。最清晰的描述词是athletic(运动),但我总是把athletic与充斥男性汗臭味、塞满各种体育用品、脏兮兮的体育用品商店联系在一起。又因为lululemon融合了西海岸技术风和欧洲时尚范儿,所以我决定在athletic的末尾加一个"a",从而创造一个新的意大利式的精致单词——athletica。

# 关键时刻

"原来我只想专门为一种新潮小众的运动制作服装的那点小富即安的心思已经烟消云散。"

我们的设计师夏侬和我走在街上,看到一个女孩迎面走来,似乎穿着我们设计的布吉裤。大家都知道,lululemon 的徽标位于后裤腰上,所以当女孩走过后,我俩都转身看了一眼。巧合的是,那个女孩也回头看了看我们。真不知道当她发现一对夫妇转过身来盯着她的屁股看会做何感想。

到 1999 年夏天,越来越多的女性开始穿着 lululemon 逛街、遛狗或与朋友在咖啡屋小坐。lululemon 不再只是瑜伽馆里的练功服,更成为街头随处可见的休闲装。不知何故,我们制作的原本是女士们练瑜伽时穿的衣服，结果现在也成为她们在练完瑜伽之后的着装。原来我只想专门为一种新潮小众的运动制作服装的那点小富即安的心思已经烟消云散。不仅瑜伽成为一项广受欢迎的运动，而且lululemon也一步登天，成为街头流行时尚。

有足够的信号指向正确的方向，让我觉得应该稳扎稳打，保持内生增长，而不必随大溜，借助广告的刺激实现迅速扩张。但看着我的现金流逐渐缩水，我还是要问自己一个问题：该怎么做？

# lululemon 的企业文化和员工培训

"我希望和我喜欢的人一起工作，
所以我愿意为他们成就伟业而投资。"

2001年初，我决定利用业务高速发展过程中一段相对平静的时期，借助来自《成就心理学》[①]的灵感，编纂 lululemon 的核心文化和培训课程。我只想和我喜欢的人一起工作。这是 lululemon 文化的基础。

我曾听过音频版的《成就心理学》。听完每盘录音带，我就会将其转给夏侬和杰基。他们对崔西教授的内容也做出了积极回应。我告诉他们，我希望他们雇用的任何人都能听到相同

---
[①] 博恩·崔西（Brian Tracy），《成就心理学》(The Psychology of Achievement)，1984年版。

的课程，因此夏侬和杰基又将录音带交给了新员工，让他们带回家好好学习领会。lululemon 的培训计划就是这样开始的。

我预先假定 lululemon 的每一位新人都已经很优秀了，我们所要做的就是激励他们。我相信，重要的一点是培训员工要从他们的自身利益出发，而不是因为我期待获得某种回报。我需要的是充分发挥员工的潜力，然后让他们获得自由。这样，他们可以选择在 lululemon 工作或另谋高就。那些选择留下来的自然是优秀员工，而那些走了的，走得也很开心，以后在谈到他们在 lululemon 的工作经历时也总是褒赞有加。

另外一点也很重要，要让每个人都参加里程碑论坛的培训。我自己的人生经历了如此积极的革命性影响，因此我希望让任何和我一起工作的人都能有同样的机会去领略什么才是真正精彩的人生。我希望身边的人都能开心地拥有一个长久、快乐、充实的人生。

戴夫·哈利维尔与里程碑论坛合作已有很长时间了。"我是论坛介绍部分的负责人，"他说，"里程碑培训是一次强烈的思想转型体验，使人们能够拥抱人生中的突破。很明显，lululemon 和里程碑之间的关系对于 lululemon 的成功至关重要。就像任何成效显著的方法一样，有人喜欢它，也有人害怕它，但是在我看来，它的力量不容置疑。"

我知道，如果在 lululemon 工作的人可以使用一种共同的语言进行交流，并且如果他们对于伟大的定义有着相同的理解和感悟，那么我们就能为成功打造一个出色的发射台。我知道，如果我们能够构建一个坚实的教育平台，能在两周的时间里吸引我们的员工全身心地投入培训，那么他们就可以比公司更快地成长。

尽管只有十几个人，一种独特的文化也已经成形。这包括我们分享的系列有声读物。这些作品为我们立志成为什么样的人设定了基础和大背景。当我现在回首这一切时，我要感谢《顾客为什么会购买》《引爆点》《将心注入》《杰克·韦尔奇自传》《基业长青》等书的作者，正是得益于他们的智慧和真知灼见，lululemon 才取得了今天的成就。

更重要的是，我们的发展培训向杰基、夏侬以及他们所雇用的女性表明，我们正在对她们进行投资。

从某种意义上说，我在 lululemon 的员工培养问题上是非常自私的。我希望和自己喜欢的人一起工作，所以我愿意为他们成就伟业而投资。我相信，一个经过思想转型的人会成为他自己的领导者，进而成为他的家庭和社区的领导者。

一个经过思想转型的人会更加珍爱自我，在思想上会更加关注创造一种美好的生活。一个已经功成名就的人有那么多成功的证据，他们自然而然地希望周围的人也能接受同样的训练。而一个领导能力突出的人也会自然而然地令周围的人增强自身的领导能力。

我希望通过这样一种员工培养的文化，能够把一个 23 岁的年轻人派到另一个城市，经营一个价值 1000 万美元、有 20 名员工的门店。因为我知道，这个 23 岁的年轻人品行正直，勇于负责，富有创造力，并且因为如上优点，享受优厚的待遇。他们将实现自己的目标，然后是公司的目标，并因成为领导者而得到奖励，首先是领导自己，然后是领导他人。

正如 lululemon 的基础培训师詹娜·希尔斯所说："lululemon 不为人知的一点是，公司希望员工拥有更加远大的目标。这些目标可以把他们带到其他任何地方，而不只是在 lululemon 工作。公司的成功之处在于，让员工明白他们可以在 lululemon 培养技能和领导力，从而在公司之外实现个人目标。相反，如果忘记了这一点，人们就会被公司消磨殆尽，不再尽力而为。以这一原则进行领导需要很强的领导力，要能做到'一切以人为本'，也就是说，领导者喜欢走出舒适区，看到团队在工作中茁壮成长，焕发勃勃生机，而不只是关注公司的利润。"

我们把失败看成一件好事。有人失败了，公司损失了 10 万美元，我会问他是否学到了什么。如果他学到了，那我想这个人现在对公司的价值就要再增加 10 万美元。我们知道我们都会犯错误，但我们每天都在不断创新，我们知道错误会让我们更强大。

## 小公司必须做出的改变

"经验告诉我,我已观察到切实的证据,表明lululemon已经度过了跌跌撞撞的零售婴儿期。"

搬至新店的费用很高,但这个地段已经带来了丰厚的回报。本地媒体开始对我们这家公司感兴趣,因为lululemon身处瑜伽运动的最前沿,占据了独一无二的地位。媒体开始接触我们,撰写关于lululemon的评论文章,不用我们花钱,而且还是如实报道。获得免费媒体宣传是我创建的新商业模式的另一个重要部分。如果我们进行了足够多的创新,媒体就会找到我们,我们只需要等待。

在电子商务出现之前,每个零售商都知道全年收入的30%来自 40 天的假期。大多数零售商都会在 1 月和 2 月打折，并因此损失巨大。

我对我们从 2000 年 12 月到 2001 年 1 月的销售感觉很好。lululemon 的销售激增，因为大家都在为新年下决心、许宏愿，要回到健身房或开始练瑜伽。

我们在老店创下的单日最高销售纪录是 2000 美元。而在新店，最差的一天也是这个数字的几倍。这种感觉真的很刺激，但我知道一定要为 2 月和 3 月肯定会到来的销量下滑做准备。我削减了生产规模，确保我们不会因库存而烦恼。

但是到了 2001 年 1 月底，我们的销量没有放缓的迹象。每天我都会查看我们的销售数据，寻找销量大跌的蛛丝马迹。但是我看到我们的销量每天都在增长。

我知道肯定发生了什么不寻常的情况。经验告诉我，我已观察到切实的证据，表明 lululemon 已经度过了跌跌撞撞的零售婴儿期。我们的耐心正在得到回报。2001 年的春天到了，但销售并没有放缓。

目睹这一切的发生真是令人难以置信,但这也意味着我们这家小公司必须做出改变,以跟上我们刚刚获得的知名度。

# lululemon 发展的关键点

"2003 年不仅见证了杜克这个家庭新成员的到来，
也恰逢 lululemon 发展的关键点。"

2003 年 10 月中旬，夏侬住院了。我记得那天雨下得很大，在我印象中那可能是温哥华最大的一场雨。住进医院以后，一切都发生得很快。直到儿子杜克呱呱坠地的那一刻，我们才知道这个宝宝是男孩。我尽可能麻利地把小杰和布莱特从学校里接出来，带到医院，让他俩分别抱了抱小弟弟。那一刻，人生圆满，夫复何求。

夏侬渴望在成为新妈妈和继续充当 lululemon 的创造力源泉之间取得平衡。她一直工作到杜克降生，然后在我们的宝宝出生大约 10 天后就回到办公室，每天抱着他跑来跑去。但是，三周以后，就像她喜欢回到办公室工作一样，她觉得自己需要陪杜克在家里度过更多的时间。

"为 lululemon 做设计绝对是我梦想的工作，"夏侬说，"它非常适合我。尽管就此放手让人不舒服，但还有一个更大的目标需要关注。我很幸运，奇普在生意上对我很包容。他的工作和我的工作从来没有界限。他一直很开放，一直在分享。我们必须在实际变化发生之前进行这些对话。"

我完全支持她暂时后退一步的决定。对于夏侬来说，她永远不会被视为世界上最伟大的设计师之一，这是很遗憾的。如果用收入来评判设计是否成功，可以说她是全世界最好的设计师。然而，纽约时尚媒体不愿意承认一位运动服装设计师是一位"真正的设计师"，所以她从来不是媒体竞相追逐的对象。

2003 年不仅见证了杜克这个家庭新成员的到来，也恰逢 lululemon 发展的关键点。我觉得我们在加拿大的业务已经到达临界点。我们为每家新店开业都建立了相应的制度，由此为进入新的市场奠定了基础。

除了我们的员工培养计划，我们成长的基本要素是我从《电子神话》[1]一书中学到的知识。有一种神话认为，企业家可以控制自己的生活，而事实上他们是做不到的。企业家精神代表着一天24小时、一周7天的全天候工作，没有宕机时间。解决方案是从第一天开始就把生意当作加盟店那样去安排，这样就可以在没有创始人的情况下成功运营。

我一丝不苟地安排布置质量控制、品牌、设计开发、员工培养和门店运营方面的工作。由于第一家门店独立运营得非常出色，所以我总是可以在经营过程中发挥自己的专长，也就是说，我会根据我对未来五年市场趋势的判断来经营。

我们以30多岁、受过教育的女性为目标客户，在这个群体中，瑜伽和田径运动变得越来越受欢迎。我还认为，美国人在运

---

[1] Michael E. Gerber, *The E-Myth, Why Most Businesses Don't Work and What to Do About It* (Ballinger Publishing Company, 1986)（书名为译者自译。——译者注）

动着装上所采取的审慎态度即将迎来一场巨变。我设想的未来是，将西海岸功能性服装与讨喜的欧洲设计风格结合起来，将会改变整个世界的着装方式。

我们知道如何通过与瑜伽工作室和社区合作来使客户产生兴趣。另外，随着加拿大越来越多的人认识 lululemon 品牌，打入新的零售环境将变得更加容易。

任何公司在自己的生命周期里都会经历成长期，需要掌舵人想清楚应带领企业去向何方。我们现在已经到达这样一个节点。业务开始起飞，我要选择下一步迈向哪里。

制订这个计划就意味着要回答一些关键问题。我们是谁？我想要 lululemon 成为什么样的公司？我们是一家通过出奇制胜、以小搏大而兴旺发达的本地公司，还是已经站在成为国际大品牌的风口浪尖？

尽管我面临下一步该怎么走的问题，但我对我们文化和人才的投资一直在持续。布里·斯坦莱克回忆说："这简直令人难以置信。这是一群发自内心地相信我们所做的一切的人。它源于我们对产品的信念,以及每个人对于产品质量、创新和言出必行近乎狂热和盲目的坚持。

"我们所有人都整天穿着它,穿着它锻炼身体,穿着它做瑜伽,而且真的完全相信我们所做的事情,那就是使世界摆脱平庸,成就伟大。"

# 安宏资本

"在向私募股权出售股份的过程中，
激励我的是一种愿望，
将一个创意、一个概念、一种哲学发扬光大，
成为一种根基永固的全球现象，进而振兴整个世界。"

来自波士顿的安宏资本（Advent International）已经移至我们名单的首位。安宏资本成立于1984年，从那时起，它一直专门投资世界各地的公司成长和重组，管理着数百亿美元的资本。

安宏资本对lululemon的估值为2.25亿美元。这不是我们收到的最高报价，但我仍然觉得我对现金的需求没那么迫切，

远不及需要合适的合作伙伴。我有很强的预感，认为安宏资本可以满足我的要求。我们一定已经对一家私募股权公司产生了不可思议的吸引力。我们已经在全球范围内对我们的名称和标志进行了商标注册，我们的架构设置可以满足全球化的要求，并且我们拥有世界上最好的服装公司的指标。我们是现金牛，有一款热销全球的产品，而且只有我们知道如何处理针织面料生产中极不稳定的技术。

对于 lululemon 的前途，安宏资本管理合伙人戴维·穆塞菲尔似乎抱持着眼长远的观点。除此之外，戴维和安宏资本的其他一些员工曾在松鸡山登山道（Grouse Grind）上进行过一次超级远足，充分说明他们与我们的文化有着很高的契合度。

戴维和他的合伙人史蒂夫·柯林斯完成了我们的全面发展计划并提出了他们的目标。他们的尽职调查以及渴望了解 lululemon 的迫切心情给我留下了深刻的印象。他们看起来似乎是我们的完美选择。

在波士顿与安宏资本会面期间，我们也再次见到了汤姆·斯坦伯格。汤姆对于参股 lululemon 仍然非常感兴趣，实际上，他兴趣大到把底牌都告诉了我，高原资本（Highland Capital）愿意吃下我愿意出售的 25% 的股份。

安宏资本对汤姆·斯坦伯格持保留意见，但我还要花很长时间才能了解其中的原因。无论如何，每个人都同意目前这种安排。剩下的就是高原资本和安宏资本都要对 lululemon 进行的尽职调查，以及最终谈判。我对肖恩讲得很清楚，谈判不是我的专长。我相信他可以做得很好。

尽职调查持续了几个月，比我预期的时间长得多。2005 年 9 月下旬，就在我们达成最终交易之前，我的双胞胎孩子降生了。回想起来，这在潜意识上给我施加了不必要的压力，要我必须完成交易。

我现在认为安宏资本和高原资本故意拖延了尽职调查。他们确定了价格，他们意识到我们是一个非常初级的谈判者。每个月我们产品的需求都以两位数增长，公司的价值也在相应增加。安宏资本和高原资本很高兴让交易拖下去，这样就可以确认我们的销售和利润数字将继续增长，同时又不必增加它们的买入价格。

夏依在9月下旬入院。我们的儿子托尔和泰格在午夜前先后出生，相隔只有几分钟。我没有太多时间来庆祝或放松。安宏资本和高原资本要求在10月初举行会议。

我去参加会议的时候以为协议已经达成。我坚信尽职调查进展顺利，这次会议主要是走走形式，厘清一些细节。

但是我错了。

史蒂夫·柯林斯仔细审核了他们用来评估lululemon的维度清单。他说，他们将lululemon的当前销量与去年进行了比较，担心销售额正在下降。他马上试图将价格从2.25亿美元降低到2亿美元。我被惊呆了。后来我才发现，我们有两个月销售的产品远远超出了我们的预期，因此没有足够的库存来满足过去一个月的需求。我绝对不应该参加这个会议。一个好的经纪人本来应该先把这些问题处理好，再接受与私募股权公司的面对面会谈。我已经聘请了经纪人作为中间人，所以我不应该在现场进行谈判。安宏资本的另一个新要求是，它希望持有公司 50%~51% 的股份。

现在回过头来看，我意识到这都是讨价还价，故作姿态。我们根本不需要谈判。

当我在脑海中重现这一情景时，我真希望自己当时能站起来，告诉他们，价格涨到 3.5 亿美元，然后退出会议。lululemon 就是我的全部底气——我当时真是脑子进水了。

回想起来，对商业经纪人的激励与对房地产经纪人的激励没有什么不同。他们的首要目标是达成协议。经纪人为客户争取最好的价格并因此失去交易是非常危险的。交易如果失败，经纪人什么也得不到。所以在最终谈判中，经纪人不再为客户的最大利益工作，而是努力完成交易。现在想想，我当时花钱请了一个谈判专家，但我得到的却是一个非常精明的经纪人，他只为自己做事。对我来说这是一个很好的教训，我的真实意图根本没有传达出去。

我们就 2 亿美元达成了一致意见。下一个问题是 51% 的所有权。史蒂夫·柯林斯认为，由于高原资本和汤姆·斯坦伯格加入交易，他们需要 lululemon 的 51% 股权由两家机构平分。我说不可以，但我这么做的目的仍然只是试图守住阵脚。我告诉他们，我会卖掉 48% 的股票，而不是我最初提议的 30% 的股票，这样我仍然可以拥有多数股权。安宏资本对此表示同意，并最终确定了交易。私募这帮人给我提供的建议其实只对他们有利。我的经纪人和法律团队都不够聪明，对于这 51% 所有权的长远意义提供不了什么好的建议。这对我来说真是一个刻骨铭心的教训。

当我们的销售额达到 1.1 亿美元时，甚至更多的人告诉我，我没有能力把一家公司从 2 亿美元做到 10 亿美元，我应该得到帮助。当然，以前也有人告诉我，我不知道如何把一家公司从 1500 万美元经营到 1 亿美元，尽管一切进行得那么顺利。我重新设计了零售和员工培养模式，回想起来，新的模式比引入在优先目标上相互冲突的外部专业知识更能使我受益。

我现在已经能够理解这样一个概念，即那些专业经验最多、知识最丰富的人，往往会觉得自己知道得最少。一个人对某个特定对象的了解越多，他就越觉得自己什么都不知道。那些知识最渊博的人都不愿意面对一群长者或在其他专业领域中成就卓著的人夸夸其谈。

就像我后来发现的那样，我所倚仗的那些人以为他们知道很多，做决策的时候简直信心爆棚。我现在知道，企业家很清楚成功和差异化的细微差别，他们只需要能够发挥新业务模式威力的人提供建议。

不过，我仍然对结果感到满意。安宏资本和高原资本的人已经证明他们都是精明过人的生意人和技巧娴熟的谈判专家。看来在未来的谈判中让汤姆·斯坦伯格、戴维·穆塞菲尔和史蒂夫·柯林斯站在我这边只会使我和 lululemon 受益。由于我没有经营过一家年销售额达 1.1 亿美元的公司，因此我信任这个小组提供我所要求的指导，牵着我的手走向未来。

我所做的许多人生决定都是生存驱动而非财富驱动。而在向私募股权出售股份的过程中，激励我的是一种愿望，将一个创意、一个概念、一种哲学发扬光大，成为一种根基永固的全球现象，进而振兴整个世界。

从基本上一无所有到坐拥1亿美元现金，这让我能够做的第一件事是：晚上睡个好觉。知道我的孩子从此衣食无忧，我终于可以轻松地喘口气了。但是经历了多年几乎可以说是贫困的生活之后，我和夏侬仍然怀有一种类似于20世纪30年代大萧条时的心态。我们总觉得财富会随时全部消失，或者那只是一个梦，所以我们尽力确保我们的生活方式不会改变。

# 关于接受私募投资的经验教训

"希望我的经验教训能帮到那些正在考虑
接受私募投资并准备上市的企业家！"

我首先声明，本章内容可能只有那些正在接受私募帮助并准备上市的人感兴趣。

进入谈判阶段，我想可能连我在温哥华当地的律师都不知道，其实我不需要外部资金来发展。他们熟悉的是那些需要大量外部资本的大型矿业交易。

我不确定我们是否应该告诉律师我们的现金流有多惊人。他们可能从来没有遇到过这样的情况，卖家的目标仅仅就是想要别人提供建议。所以他们没有问,我们也没有说。我认为我的律师天然认定方向盘在私募那些人手里,交易就这样做了。

希望我的经验教训能帮到那些正在考虑接受私募投资并准备上市的企业家。我的经验如下:

1. 经纪人的工作是以自身利益最大化为出发点,也就是完成交易。经纪人会避免艰难的谈判,因为他害怕失去这笔交易和佣金。

2. 除了你自己,选择三家经验丰富、在交易中没有既得利益的顾问机构。律师、经纪人和公司高管不足以提供我需要的详细而独立的建议。

3. 专门拨出时间每天与你的顾问交谈。生意当然离不开你,但好的建议可以令你终身受益。

4. 谈判桌上要留下两家私募公司,直至做出最终决策。让私募的人相互竞争,最后和出价最高的那家私募签约。

5. 如果私募说他们愿意和你共事4~7年,别信他们。相反,要按照他们很快就会把你的公司脱手变现的预想进行谈判，这才是公司的最佳选择。私募永远只考虑自己的利益。

6. 设定尽职调查的完成时间，如果在尽职调查期间公司利润增长，就提高要价。

7. 私募只会与你合作很短一段时间。从他们的角度来说，时间越短越好。你必须了解清楚不同的治理和控制策略，以便在私募离场后迅速落实到位。

8. 私募提供的，是对创业企业家及其创意的一种认可。不过，企业家不应该让这种得到认可的满足感影响财务谈判。

9. 在卖给私募之后，我对公司51%的控制权没有任何意义，因为我没有控制董事会的投票表决权。我需要获得法律确认，才能在私募股权交易和上市后控制大部分董事会席位。（当我思考已经发生的这些事情，也就是我们的上市方式以及接下来几年要经历的事情时，我想到了耐克的菲尔·奈特和安德玛的凯文·普兰克。他们都持有双重投票表决权股份，这使他们可以控制自己的董事会。当你控制了董事会，你就控制了公司的文化和愿景。耐克从未失去其愿景，也正因为如此，它才有今天的规模。这正是我感觉自己失手的地方——不知道如何保持董事会控制权。）

10. 创建一个专门的董事入职计划。让他们阅读三四本对公司文化和商业模式至关重要的书。然后，让他们在门店工作一天，并仿照lululemon的做法，让董事经历与员工相同的发展计划。还要让他们就自己对于商业模式为何起作用的理解，以及对公司的文字简介、价值观和愿景声明的理解进行口头讨论，并总结出10个要点。最后，还要询问他们是否完全了解企业赚钱的隐性潜意识原因。

11. 企业家需要培养自己的董事班底，不要让私募公司带进来任何他们的董事，除非现时和IPO（首次公开募股）之后的安排从一开始就已经谈妥。

12. 永远不要拿超出自己绝对需要的钱。当你的钱超过了个人生活所需时，就需要一个新的企业来管理多余的钱。这会让你的注意力从你的业务现金牛身上移开，转到那些不那么吸引人的、无聊的投资上。lululemon就是一头现金牛，我的议价能力全部来源于此。我手上拿着所有的牌，但一张也没打。

# 运营合伙人：鲍勃·米尔斯

---

"鲍勃的到来既令人兴奋又让人戒惧。"

随着董事会的形成，安宏资本提出了运营合伙人的建议。运营合伙人是私募在公司内部安排的人，由公司支付报酬，但为私募的利益而工作，充当他们的眼睛和耳朵。

安宏资本提出的人选是锐步前高管鲍勃·米尔斯。鲍勃曾在锐步就职，那时锐步是世界第一大体育用品公司，通过抓住踏板课的商机轻松占据了女子健身市场的领先地位。

我想，锐步失败的地方在于，他们决定放弃女性健身市场，而这块业务是他们非常熟悉，同时也是全世界做得最好的业务。他们选择让业务重心回归男性健身和大型赞助营销，结果迅速被阿迪达斯和耐克这类男性市场的庞大竞争对手吞并。

我喜欢鲍勃的一点是，他已经学到了很多经验教训。他是错误的亲历者，并从中汲取了经验。而且他很了解女性健身市场，这对 lululemon 来说是一笔非常宝贵的财富。最后一点，他得到了安宏资本的大力推荐。最重要的是，锐步也是在里程碑培训的基础上建立起来的企业，鲍勃告诉我大部分培训课程他都上过。

与鲍勃见面之后，我意识到他可能是一个很好的 CEO 人选，当然也应该在董事会拥有一席之地。我已经是几个蹒跚学步的宝宝的父亲，我厌倦了旅行。我还能从哪里找到一位既了解女性市场未来潜力，又经过里程碑培训的商场健将呢？我还有别的什么办法，能让我成为我希望成为的一位好父亲？

那天在波士顿，在去吃饭的路上，我问鲍勃，他是否愿意担任 CEO。他马上答应了。

2005年12月8日,我们发布了一份新闻稿,宣布达成私募股权交易,并任命鲍勃·米尔斯为CEO。2006年1月,鲍勃来到温哥华开始工作。有半年时间,鲍勃和我共用一间办公室。新CEO走马上任并没有缩短我花在工作上的时间,但我几乎免除了所有的商务旅行。我终于可以晚上回家享受天伦之乐,当一位好丈夫兼好父亲了。

鲍勃的到来既令人兴奋又让人戒惧。他是一位新的、年长的、经验丰富的东海岸高管,来管理一家非正统的、高度个人化的、女性主导的,经营风格好像一个大家庭的西海岸公司。这一次,我预料到了这种戒惧情绪,我知道要在为我工作的员工中培养信任关系需要一段时间。这就是为什么鲍勃和我在同一间办公室工作了六个月——我想确保他了解我们在各个层面担负的责任。鲍勃的薪酬方案过了好几个月才谈妥,在这段时间,他把公司上上下下都哄得团团转。由于CEO的聘任已经公开,鲍勃在薪酬谈判中很好地利用了这一点。不把薪酬谈妥就让鲍勃来工作是我犯的一个很大的错误。安宏资本非常希望由一位来自波士顿的执行合伙人担任CEO,因此他们也落入了鲍勃的圈套。

# 进军美国市场

"我以为我每一步都走对了,能够在美国取得成功。"

2006 年 4 月,《加拿大商业》杂志在官网上发布了一份分析报告,对鲍勃的计划进行了这样的描述:"米尔斯……似乎决心重温锐步的荣耀,将 lululemon 打造成一个无处不在的全球品牌……米尔斯迅速启动了他的多项计划——在洛杉矶、旧金山和西雅图增设门店。在芝加哥新开一家门店,第三季度和第四季度在纽约与波士顿还将有多家门店开业。"[1]

为了协助计划实施,鲍勃聘请了一位名叫莎丽丝特·凯利的

---

[1] Laura Bogomolny. "Toned and Ready: lululemon Transitions," *Canadian Business*, April 24,2006, www.canadianbusiness.com/business-strategy/toned-and-ready-lululemon-transitions/.

零售高管，她曾负责阿贝克隆比&费奇的美国西部业务。我觉得请来莎丽丝特是个不错的主意——我坚持不雇用服装批发行业的人，因为我不希望他们将旧流程引入一家新公司。

lululemon 的主要战略是在美国进行实体店扩张，这成为鲍勃 CEO 任期的基石。我们的愿景是将加拿大模式复制到美国市场。

扩张看起来不错，但新店都开在昂贵、引人注目的购物中心里，而我不知道我们应该在多大程度上先在城里站住脚，是选择在闹市街头开一家酷炫的门店，还是积极主动地在当地的瑜伽和体育爱好者群体中造势，或者构建网络。我们需要的是确保门店的位置得当，能够吸引超级女生客户。莎丽丝特要的薪水让我有点不堪重负，但我信任鲍勃的选择。回想起来，莎丽丝特是一个只会说"是"的人，在新店选址的问题上无法与鲍勃抗衡。鲍勃只想增加门店的数量，进而把股价推高，质量就见鬼去吧。鲍勃已经为自己制订了一个短期游戏计划，而莎丽丝特没能证明自己是公司合格的看门人。

经过一次又一次因选址不当而导致门店业绩欠佳，公司运营亮起了红灯。我们现在当然已经熟悉展示厅、快闪店以及社区营销的威力，但在当时，我们还没有意识到我们发明的这套做法蕴藏着多么大的力量。

我们做好了扩张的准备。新店会显著提升 lululemon 的估值。如果我们上市，分析师会通过建模提前一年预知我们的利润，然后为 lululemon 建议一个更高的价格。对我来说，上市仍然是一个高度概念性的设想，但似乎安宏资本和高原资本一直对此念念不忘。

我以为我每一步都走对了，能够在美国取得成功。我请了一位经验丰富的 CEO，我有汤姆·斯坦伯格辅佐，他似乎熟谙美国的房地产市场，我还有安宏资本那一大批私募零售专家。私募合伙人说 lululemon 还需要四五年才能走向成熟，我对此坚信不疑。

## 急需更多董事

"我谁都不认识,也没有人事先提醒我,我应该寻找能够支持我以及我的运动服装业务愿景的董事。"

在首次公开募股之前的最后一次董事会会议上,汤姆告诉我,作为一家上市公司的董事会,我们需要更多的董事会成员来填补各委员会的空缺。汤姆曾在许多上市公司董事会任职,人脉非常丰富,可以引荐很多高素质人才开开心心地来lululemon任职。而我谁都不认识,也没有人事先提醒我,我应该寻找能够支持我以及我的运动服装业务愿景的董事。

# IPO 的经验教训

"我本应该培养和挑选我自己的人填补董事会的席位,而不是让私募做这件事。"

上市是影响 lululemon 未来的另一个关键时刻。如果你的人生之路也有可能走到这一步,那么我想再一次向你分享一下我的经验:

1. 让每一位准董事阐述他们的经营理论,譬如在公司的各个成长阶段都需要什么样的 CEO(随着收入和员工人数的增加,对公司的监督也会发生巨大变化)。

2. 我没能控制董事会,所以我本应该培养和挑选自己的人填补董事会的席位,而不是让私募做这件事。

3. 创始人如果持有10%以上的公司股份，就算是一名"非独立"董事。其他董事则视为"独立董事"，以确保创始人董事不会控制公司决策，而这些独立董事将选出一名首席董事。首席董事本质上是董事长，代表更多的董事会表决权。将董事长的头衔授予创始人通常都是虚晃一枪，掩人耳目。

4. 如果CEO和创始人在愿景或运营上达不成心意相通的共识，那么有战略手腕的CEO就可以将"非独立"的创始人从独立董事会成员中边缘化，借此分化和驯服董事会。

5. 采取轮选制的董事会，例如每年只有三名董事进行换届选举，其董事的更迭跟不上世界变化的速度。董事们很快就陈腐不堪，用不了多久就会让位于裙带关系和平庸之才。

# 我成了"高富帅"

"我从没想过我会这么容易就
成为媒体创作煽情故事的目标。"

我不知道上市对我的家人和我意味着什么。lululemon 是我们的家,我们的基斯兰奴社区就是我们的家人。我从没想过我会这么容易就成为媒体创作煽情故事的目标。我从来没有想过 lululemon 会搞成今天这个样子,让某个人可以随便拿件事就指责任何人,把它当成一种商业工具,提升自己的社交媒体知名度。

# 媒体报道和做空

*"我目睹了无耻下流的头条新闻如何轻易地增加读者数量和销售量。"*

大约在同一时间,我学到了与媒体打交道的第一个教训(当然不是最后一个)。公司的公关和品牌经理一直都是我本人出任的。

早年我制作冲浪、滑冰和单板滑雪的技术服装时(几年后是瑜伽),媒体会来找我寻求关于这些市场的专业意见。威斯特比奇获得了免费的内容报道,并且从未做过广告。此外,媒体关于我的作品的每篇报道都是正面的,所以说到媒体宣传,我已经习惯了正面报道。

我从未担心过自己会"祸从口出"。

我第一次被记者"设套"是在 2007 年，就在 lululemon 上市那段时间前后。我们当时正在生产一款名为 VitaSea 的服装面料，使用了一种生态友好、基于海藻的技术，即"海藻纤维技术"。我们发现，在衬衫的面料中加入海藻纤维可以使衬衫防臭，并且可以让穿衬衫的人的皮肤保持润泽。最重要的是，用海藻纤维技术制成的衬衫穿起来很舒服。

《纽约时报》联系到我，希望我谈一谈这种海藻纤维技术。

"嗯，你们是否已经测试过它了？"记者问道。

"我们是从德国的一家供应商那里拿到它的，"我告诉她，"我们已经拿到它所有的信息和规格。"

"你们怎么知道它实际上会有效？"她问，"你们都做过哪些类型的测试？"

"我们没有做过任何技术测试,"我说,"我就是每天穿着它,然后我妻子告诉我,我不臭了。另外,我也觉得这种织物的柔韧性很棒。我真的很喜欢它。"

我没有意识到这样的表述会遭到怎样的篡改……但是后来这篇文章出炉了。标题写着:"测试显示,'海藻'服装无效。"以下是这篇文章的摘录:

> 自从7月上市以来,lululemon一直是华尔街上表现出众的佼佼者,这要归功于其昂贵却得到消费者热捧的瑜伽服和其他健身服装。这些服装都是用非常规材料制成的,包括竹子、银、木炭、椰子和大豆。其中一款面料叫作VitaSea,公司说它是用海藻制成的……但是,公司关于VitaSea的表述存在一个问题。有些宣传可能不是真的。[1]

大体来说,《纽约时报》声称我们欺诈。当我读到这篇报道时,我的第一个念头是他们存心不良。lululemon所做的一切都是

---

[1] Louise Story。"'Seaweed' Clothing Has None, Tests Show," *New York Times*, November 14, 2007, www.nytimes.com/2007/11/14/business/14seaweed.html。

为了爱，所以我无法想象为什么有人会写这样的东西。我怀疑这人一定是得了仇富综合征。

《纽约时报》这篇负面报道也让我洞悉了股票市场上的卖空游戏。文章发表时，lululemon 的股价几乎是未计利息、税项、折旧和摊销前利润的 60 倍，就股票估值而言已经是世界之巅的水平了。但当一家公司的价值就在于追求完美时，任何事情出了岔子都会使其股价下跌，即使是暂时的。我知道 lululemon 是空头们重点盯着的目标。一旦某只股票的价格很高，这种情况自然就会发生。人们会对股价走势运行各种计算，判定股价下跌的可能性为 80%。这就是游戏的玩法。

如果那些潜在空头希望确保获利，那么聪明的做法就是编造一篇虚假的故事，从而影响股价。例如，他们可以将虚假信息提供给感兴趣的记者。接下来，记者们会写一些引人注目的文章，损害公司形象并导致其股价下跌，空头收割，获利了结。有这么多钱可以赚——我毫不怀疑写手也会得到一笔可观的回报。

有趣的是,《纽约时报》甚至在那篇文章里承认他们就是从某个空头那里得到线索的:"在一位做空 lululemon 股票的投资者将……测试结果提供给《纽约时报》之后,《纽约时报》自己也进行了测试。"我敢肯定,很多人都从股价下跌中赚了一大笔钱。

不管怎样,我们的股价很快就止跌回升。我们的总体表现仍然属于世界上最好的,因此那次下跌不是一个大问题。在管控负面报道方面,来自安宏资本的戴维·穆塞菲尔(曾是我们的董事会成员)站了出来,做了非常出色的工作。这类事情对他来说并不陌生,安宏资本拥有众多上市公司,所以他对这套把戏了解得很清楚。他知道如何切入,如何应对,如何以正确的方式与媒体沟通。

总体而言,随着 lululemon 的上市以及《纽约时报》这篇文章的发表,我意识到对于我而言,世界已经不一样了。我目睹了无耻下流的头条新闻如何轻易地增加读者数量和销售量。不过,这次事件并没有改变我与媒体互动的意愿。

第三部分

# THE
# STORY
# OF
# lululemon

# 成为上市公司

"这是一个革命性的成就,从今以后,
我们就要按照上市公司的标准做事了。"

在纽约完成上市后,我们回到了温哥华。公司的气氛非常积极——每个人都在时代广场的屏幕上看到了自己的脸,现在我们的大多数员工都拥有公司股份。总体而言,这是一个革命性的成就,从今以后,我们就要按照上市公司的标准做事了。

随着时间的流逝,有一小部分业务模式似乎在我们不断成长的过程中逐渐瓦解。我一直在采取额外的措施来保护和发扬我们的文化,包括设立一个名为"火炬手"(Holder of the

Flame）的奖项，提携那些主张变革型领导的人。我相信，将来谁撤销了这个奖项，lululemon 就会在他的手中堕落。

当我告诉大家鲍勃·米尔斯和他的团队会将 lululemon 提升到一个新的水平时，我感觉每个人都是信任我的，公司上市让我再次赢得他们的信任。我需要找出问题所在。

鲍勃的优点是，他对于在 lululemon 工作似乎是发自内心地兴奋。他是一位强大的领导者，有吸引力和感召力。我们每年的增长率都能达到 30%~40%，而鲍勃最大的成就是认识到并解决了我们的产能瓶颈。

不幸的是，解决我们的生产瓶颈并不足以使鲍勃完全融入我们的文化。

正如迪安妮·施韦泽所说："当我们开始了解鲍勃·米尔斯如何领导公司，他雇用的是什么样的人，以及他怎么花钱之后，我们很多人都会情不自禁地对公司的未来产生疑问。鲍勃花钱没花对，请人也没请对——带进来的人都是短期打算，没有长远考虑。那种感觉就像是，我们都在看手表，想知道'我要在这里待多久'。"

布里·斯坦莱克做了这样一番评论："奇普担任 CEO 的时候，公司进入一段高速增长期，但说句心里话，那也是一段感觉非常自由、非常具有企业家精神的进取期。鲍勃带来了一些与这种文化格格不入的人，开始让人觉得他们来这儿就是为了赚钱，然后离开。听起来可能都是些鸡毛蒜皮的事儿，但有些事情向我们表明，他们与我们的文化格格不入。例如，他们不在乎锻炼。定期进行锻炼对他们来说并不重要，但身体健康、活力充沛对 lululemon 至关重要。"

员工满意度面临的一个重大挑战自动显现。我们开始雇用 MBA 和资深管理人员，他们的薪资等级比我们在岗的老员工高了 50%~100%。但因为我们采用的是一种新的商业模式，所以 MBA 和资历几乎没有什么意义。我们在岗的年轻员工不得不花时间教导他们的上级，帮助他们了解公司的业务。能力和薪酬上的不平等令人事部门倍感压力。

鲍勃和我仍然保持着良好的工作关系，因此在对新出现的诸多问题研究了一段时间后，我与他讨论了在过去一年半的时间里信任、沟通和文化受到侵蚀的情况。他是CEO，我想授权他解决这些问题。我罗列了那些已经不能再照老样子拖下去的问题。鲍勃向我保证，既然他能带领我们上市，并且股价飞涨，那么他也有能力解决分歧。

# 重组管理层

"我从鲍勃·米尔斯时代学到了很多东西。这也是我第一次接触到只做表面功夫以求短期收益最大化这门艺术。"

CEO 过渡计划是让鲍勃在 lululemon 待到秋天,到那时再由克莉丝汀接任。

2008 年初,克莉丝汀把家搬到温哥华并完成了里程碑论坛的培训课程。她是正式参加我们新近正规化的文化入职培训的首位外聘高管。

离克莉丝汀到来还有几周时间,但鲍勃已经成为一名"战场失踪人员"。他仍在领薪水，但他缺勤。在确定他不会回来之后，我的第一反应是解雇他。我们为什么要留着一个不干活还要让我们付钱的人呢？

但是董事会不想解雇鲍勃。正如他们所解释的，lululemon 上市时间不长。解雇 CEO，哪怕他现在已经不上班了，都会给人一种不好的印象。投资者的信心可能会受到影响；分析师和顾问们可能建议不要购买 lululemon 的股票。总之，如果我们解雇鲍勃，就不会有好事。由于 lululemon 董事会不想将这一消息透露给我们的股东，公司不得不忍气吞声继续付钱给他。这真让我恶心。

我们非常谨慎地发布了关于鲍勃离职的公开消息，只是说他将在 6 月底从 lululemon CEO 职位上"退休"。[1] 我非正式地转任 CEO 一职，清理鲍勃雇用的人，纠正这条船的航向。真是扬眉吐气！我们与鲍勃共事的唯一好处就是明白了我们不想要什么。

---

[1] Business Wire, "lululemon Athletica Appoints Christine Day as President, Chief Operating Officer and CEO Designate," lululemon athletica, April 2,2008, investor.lululemon.com/releasedetail.cfm?releaseid=302772.

我仍然不知道鲍勃为什么要玩失踪。说到这个问题，我想起了几个月前鲍勃和我与戴维·穆塞菲尔的那趟专机飞行。鲍勃和戴维从他们的座位上站起来，躲到厨房那边继续对话，以求不让我听到他们在说什么，但他们的声音还是能传到我耳中，尤其是当争论越来越激烈的时候。

"我做到了，"鲍勃不停地说，"我做到了，我用两个月的时间把股价提高到××，现在付我钱。"

我现在相信，鲍勃与安宏资本背着我达成了一项私下交易，如果公司股票连续两个月达到特定价值，他就可以套现。也许这样一种激励措施已经做了公开披露，但从未在我有幸参加的董事会会议上提出过。如果我知道，我想我会注意那些短期决策。这是安宏资本为自己而不是为公司造福的一个典型案例。

2008年2月，市场观察网对形势进行了如下概括："米尔斯要做的唯一一项工作，就是将lululemon（LULU，+0.04%）的股价拉升到一定水平，让它的私募投资者卖出大笔股票……也就是说，管理层的利益是与私募保持一致的，而未必是公众股东。"[1] 还是这篇分析文章，描述了这类交易的固有危险，因为它们"将管理层的利益与错误的股东群体——那些套现的人——绑在了一起"。

我意识到，为了将股价拉升到可以让他退出的价位，鲍勃在他的职权范围内真的是无所不用其极，并且他很可能会因为股价最大化而受到激励。而对于他来说，实现这个目标最简单的方法就是不管不顾地开设新店。

那时我才明白，鲍勃从来没有打算让 lululemon 走上持续增长的道路。他得到的激励就是取得一份亮眼的短期业绩，这对私募也是有利的，因为私募既实现了手中股票的价值最大化，又可以套现走人。

用达雷尔·科普克的话来说："我曾参加 lululemon 的上市工作。鲍勃·米尔斯之所以全心投入，就是为了在上市过程中

---

[1] Herb Greenberg, "lululemon CEO's Sweet Deal." *MarketWatch*, February 25, 2008. www.marketwatch.com/story/lululemon-ceos-sweet-deal.

保护自己，因此他带进来的都是他的人。他们为了一己私利，对市场进行了彻底的、自私的操纵。这本来是一家在它的消费者群体中拥有极高健康口碑的公司，现在却变得只关心拉升股价以实现期权最大化。我听说，他们在盈利电话会议上采用平滑收入和自吹自擂的办法来让股价看起来漂亮一些。"

这些盈利电话会议似乎是浪费我的时间。分析师对于技术服装行业了解甚少，因此他们一直试图用旧的街头服装行业的业绩指标来衡量新的经营方式。例如，我们的员工培养成本远高于行业平均水平，因此管理层和董事会一直在努力削减成本，却没有意识到这也是创造每平方英尺最高销售额的原因。如果利润率下降，分析师也会惩罚我们，而不是研究利润有多少。我的策略之一是降低价格，以便在某些品类中抢占市场份额，从而占据长期主导地位。一位上市公司 CEO 需要解释的最后一件事是，为什么销售额增加了，利润率却下降了。我们有很多策略都不适合写进上市报告。

最终，鲍勃通过股票升值赚了大约 3000 万美元。他没有宣布自己不再担任 CEO，而是简单地一走了之。结果，我们不得不加快提拔克莉丝汀担任CEO，而她的能力培养计划也不得不中止，就像后来克莉丝汀聘请的那些"权力女性"（Power Women）一样。

我从鲍勃·米尔斯身上学到了很多东西。这也是我第一次接触到只做表面功夫以求短期收益最大化这门艺术。

## 摆脱股价下跌的影响

"把我的办公桌放在设计区域的中间，
我们生产了有史以来最好的创新产品。"

克莉丝汀在实体店交易方面做得非常出色，根据基本的成功公式重新制定了战略，投资电子商务，并与后台负责上市细节和财报的部门建立了良好的合作关系。我们摆脱了 2008 年金融危机的影响，现金流增加，资金也有了大量盈余。

2009 年 3 月 9 日，lululemon 的股价徘徊在 2.25 美元以下，远低于我们 2007 年上市后曾经达到的水平。但从那以后，我们的股价开始稳步上涨，一直持续到 2013 年。

我们的业绩表现以及 lululemon 在市场中独一无二的地位给汤森路透的分析师留下了深刻的印象。"几乎没有哪家加拿大零售企业能够把这种成功扩张到边境以南。"汤森路透如是说。[1]

克莉丝汀旗开得胜，接下来的两年是黄金时期。我们没有成立品牌或营销团队，因为我们的品牌支出隐藏在人才培养、质量流程、门店位置以及我为应对全球社会变化而随时可能想做的所有其他事情中。我们所做的一切似乎都在强化这个品牌。

我把我的办公桌放在设计区域的中间，我们生产了有史以来最好的创新产品。我妻子和我聘请了一位名叫安东尼娅·亚马蒂诺的舞蹈服装设计师，力求让功能性瑜伽服的外观更富有女人味。这个创意使我们比任何想和我们竞争的人领先了四年。

从创新的角度出发，我们设定了到 2013 年成为全球最佳运动胸罩制造商的目标。我们与曼彻斯特大学签订了研究乳房运

---

[1] Reuters Staff, "ANALYSIS-lululemon Seen Growing in Lucrative Niche Market." *Reuters*, November 2, 2010，www.reuters.com/article/idUSN0116446120101102.

动的合同。我们在每件服装上都制作了波浪线接合缝、激光切割透气孔和手机袋，我还在服装中加入银线以杀死细菌并除臭。

"本垒打设计"（一种可以提升公司利润的设计模式）的杰作之一就是潜水服式连帽衫。凭借我在冲浪、滑冰和单板滑雪服装业务积累的多年经验，我知道连帽衫将会成为一款标志性的服装。我妻子夏侬在2001年就做出了测试版，但我想做世界上最好的连帽衫。垂直零售的绝妙之处就在于它使我们能够做出其他人提供不了的东西。在我的朋友埃尔基·洪的帮助下，我们开发出一种超柔软的棉质面料，比市场上任何一件连帽衫的面料都厚。我们将这种面料与潜水服式的高领以及加上两英寸宽边的兜帽结合在一起，让这一经典服装脱胎换骨，重获新生。最后，我们把品牌徽标插在前接缝处，并意识到这款潜水服式连帽衫会在2009年圣诞季占到20%的销售额。我们还有一项关键的创新，可以使这件衣服经过5年的穿着后看起来仍然很完美——我们对衣服进行了预缩水处理，然后再缝上拉链。使用这种方法，即使经过多次清洗，拉链也不会变形。

# 垂直模式的胜利

"lululemon 的商业模式也没有使用手册。
我们之所以获胜,是因为我们每天都在发明创造。"

技术服装的垂直经营没有固定的模板。lululemon 的商业模式也没有使用手册。我们之所以获胜,是因为我们每天都在发明创造。我们超越了东海岸的"生活方式零售业",因为我们在重塑的基础上又进行了重塑。

每天我走进办公室的时候都会问自己:"如果我必须与 lululemon 竞争,我该怎么办?"这个问题驱使我不停地对今天行之有效的东西进行自我革命,以找到最适合未来的新路。我热衷于围绕我们的成功建立护城河。有些产品和流程虽然目前运转良好，但其消耗的资源却让我们无法实现一个更大更好的未来，然而，摆脱它们变得越来越困难。管理层的短期奖金计划成为一种障碍，使我们无法进行任何可能影响一年计划业绩指标的变革。

我们对自己的弱点也持开放态度，并不护短讳言，每当发现我们自己不能持正守义，或者牢骚满腹时，我们就会相互指导，化解心结。我们之所以喜欢反馈，是因为我们希望彼此成功。这不仅仅是企业内部的文化，也是我们向客户传递的文化，再由他们传递给他们的家人和社区。通过我们的大使和社区建设模式，我们一次又一次见证了公司如何一步一步将世界从平庸变为伟大。

lululemon 马力全开，高歌猛进。

# 创始人和 CEO

> "事后看来,停止参加电话会议是我犯下的又一个错误。"

2008—2010 年,我和克莉丝汀的合作非常顺利。就像一桩幸福的婚姻,每个人都欣赏对方的差异,同时又能密切协同,最后实现双赢。克莉丝汀是一位纯粹的经营者,她确切地知道要采取什么措施来应对我们的高增长和多店营业。而我则是品牌建设者、创新者和文化创始人。我知道市场的走向,克莉丝汀知道如何打造一个坚实的底盘使我们到达那里。

金融危机很快结束了。对于 lululemon 来说,危机结束得甚至更快,因为我们的业务受到的影响很小。我们维持住了现金牛的地位，也执行了我的命令，不欠债，同时银行账户上有很多钱。我需要在银行里存很多钱，因为我知道机会自己会冒出来，有了这些钱，我们就可以快速行动并在未来竞争中保持领先地位。

自成立以来，我们和以前一样，继续保持着令人难以置信的销售业绩和利润。我们只需要继续做我们正在做的事情，并磨炼我们的专业技能即可。2010年即将结束，而我们仍然没有遭遇明显的竞争。

我们的股价大幅上涨，我们的股份拆了又拆。我们所有人都过着乌托邦式的生活。超级女生经理们正在推动公司发展。她们有爱心，她们有品德，她们聪明又负责，她们所做的每一个决定都立足长远。

到了这个阶段，我决定不再参加季度分析师电话会议。从诚信的角度出发，我觉得lululemon应该在这些电话会议上开诚布公，对意见来者不拒，但我们并没有这样做。我们只接受分析师提出的一些温和问题，任何提出尖锐问题的人都会被忽略。假如我们开诚布公，对意见来者不拒，那么就不应该有什么尖锐问题，因为没有什么可隐藏的。我的开诚布公并不意味着向竞争对手提供任何不应该提供的信息，而是说，如果我们将最坏的情况对他们坦陈，那么当我们介绍最好的一面时，他们也应该相信我们的话。

律师和法务主导了这些对话，而我认为，与其让我参加这些电话会议，还不如让我去处理公司的工作，那样我还能为公司做出更大的贡献。

事后看来，停止参加电话会议是我犯下的又一个错误。随着时间的推移，分析师们与克莉丝汀建立了联系，对她的赞誉铺天盖地地涌来，让从未有过这般经历的克莉丝汀开始迷恋于此，陶醉其中不能自拔，对自己的认知似乎也发生了变化。那个我们一直渴望拥有的，《从优秀到卓越》一书所描述的第五级领导者（将成功归功于她的管理而非她本人）开始逐渐褪色。

# 错失的机遇

"lululemon 的计划本来应该是让我们的董事会吸引具有丰富的相关经验且能够着眼长远思考问题的董事。不幸的是,事实并非如此。"

我们以一种强势和成功的姿态以及"全球最佳"的商业实践结束了 2010 年,接下来的七年将是 lululemon 发生重大变化的一个时期。令人伤感的是,这一变化充斥着许多错失的机遇。

基本上这是一个"警世恒言"式的故事,讲述了"不解雇"一个善于操纵别人的员工如何迅速导致董事们以他们原本不会采取的方式采取行动。为了便于理解,以下内容借鉴了《董事会的不足之处》(Where Boards Fall Short)一文的一些要点,这篇文章是鲍达民和马克·怀斯曼为《哈佛商业评论》撰写的。建议读者完整阅读该文章。

"董事会失灵了,"鲍达民和怀斯曼告诉我们[1],"现在距离安然事件后第一波监管改革已有十多年了,尽管有来自'国际公司治理网络'这一类独立监管机构的大量指引,但大多数董事会仍然无法履行其核心使命——为管理层创造长期价值的努力提供强大的监督和战略支持。"

根据鲍达民和怀斯曼的统计,在接受调查的 700 位董事中,只有一小部分(34%)董事了解他们公司的战略,而了解他们的公司如何创造价值的董事更少(22%)。考虑到这些令人震惊的数字,董事会如何能够更好地服务于他们领导的公司?正如鲍达民和怀斯曼所说,答案不是"在善治选项上打钩",而这正是我将在未来几年 lululemon 自己的董事会中看到的情况。

鲍达民和怀斯曼建议,要让公司中的每个人都了解董事的职

---

[1] 本章相关观点及数据均引自 Dominic Wiseman and Mark Barton, "Where Boards Fall Short," *Harvard Business Review*, December 19, 2014, hbr.org/2015/01/where-boards-fall-short。

责是什么，这一点至关重要。从法律上讲，董事职责包括"忠实"（将公司利益置于私利之上）和"审慎"（以适当的谨慎、技能和勤勉进行业务决策）。致力于履行职责的董事并不将短期财务收益放在首位，而是应在必要时敦促管理层押注"一项需要数年时间才能取得成果的可靠的企业战略"。

鲍达民和怀斯曼观察到的另一个关键不足是，上市公司的董事会在吸引恰当的专业人才方面做得不够。"如果你真正意识到立足长远来思考问题和采取行动的重要性，那么你就会尽一切努力来吸引专业人才。"这是我以后会看到的另一个失败——lululemon 董事会对寻找合适的人选没有兴趣……或者说得更重一些，对于计划由谁接任 CEO 没有兴趣。

正如怀斯曼和鲍达民所论述的那样，lululemon 的计划本来应该是让我们的董事会吸引具有丰富的相关经验且能够着眼长远思考问题的董事。不幸的是，事实并非如此。当然，首先我要声明，责任在我，因为正是在我的纵容下，董事会才会建立和发展成这个样子。正如吸引力法则所说："短期董事将吸引其他具有短期思想的董事和受短期利益驱动的 CEO。"

# "坏利润"

> "只有当我们的质量出了问题或我们提价太多时，我们才会成为一家平庸的公司。"

克莉丝汀通过削减开支以及不断测试我们产品的售价上限，为lululemon的股票增加了价值。但我认为这种做法创造的是"坏利润"。公司的优先目标越来越多地受到上市股票分析师设定的季度预期的左右。

我第一次不敢完全确信克莉丝汀和我在向着同一个方向努力。我们削减成本和提高价格的理由似乎是错的。

作为一名长期股东，我相信要保持"市场第一"的优势，我们要做的就是不断提高质量，并将价格保持在足够低的水平，让竞争对手感到与我们竞争不划算。我们的垂直模式是无与伦比的。如果继续坚持我们的战略，我们最终会在技术服装市场占到 50% 以上的份额，在未来一万亿美元规模的街头技术运动服装市场更会占到 10% 的市场份额。

只有当我们的质量出了问题或我们提价太多时，我们才会成为一家平庸的公司。如果我们提高价格，竞争对手将进入市场，占领市场份额，而我们的收入将减少。

安宏资本出售了自己的持股，以便进行其他投资。在临别赠言里，安宏资本恳请 lululemon 尽快开始国际化发展。他们说，我们需要将产品推向国际，继续在市场中保持领先。我们已经在实现销售展厅盈亏平衡和推出快闪店概念方面开了先河，因此可以在盈亏平衡的基础上悄悄进军欧洲和亚洲。我们在北美赚了很多钱，所以我们有能力在其他地方缓慢而扎实地打造我们的品牌。这就意味着现在要为未来的扩张进行投资，而且至少五年内不要期望产生回报。对于短期财务报告而言，这不是一件好事。

# 安娜·温图尔和雅克·列维

---

"lululemon 需要做广告，
将我们的主张传递给大众。"

大约在那个时候，我和夏侬与 *Vogue* 杂志的安娜·温图尔在她纽约的办公室会了一次面。我们是由塞克斯公司前 CEO 布拉德·马丁介绍认识的。我们试图向她描绘一幅西海岸技术运动服装如何开始主导时尚的景象。

为了提供一个与高级定制相关的环境，我请安娜想象一个未来，婚纱将由弹力织物制成，并织入可以抗菌防臭的银线和透气性良好的网状透气孔。

人们越来越要求他们穿戴的一切都能具有运动服的舒适性和功能性，但时尚界尚未跟上这种范式转变。时尚界一直是一个自成一统的小圈子——同一位设计师年复一年地得到同一位记者的报道，获得同一位广告商的赞助。时尚媒体无法从 lululemon 身上赚钱，因为我们能以比纽约和巴黎时装设计师更快的速度向消费者提供时装 T 台风格的服饰。我们对它们的生存构成了威胁。

在过去的 12 年中，我故意将时尚元素从 lululemon 的营销叙事中剔除。这么做并不难，因为纽约的媒体也不相信西海岸的运动服装符合他们所定义的"时尚"。对于纽约媒体来说，运动服装是在不需要时尚的场合穿戴的东西。如果提到运动服，那也只限于口头说说的应酬话，类似于告诉某人他家的宝贝很可爱。因此，"街头技术"或"运动休闲"对时尚专家来说根本就是一个谜。

在我们的会面中，安娜恰到好处地指出，大众消费者对 lululemon 一无所知，而我们的成功只存在于我们自己的脑海中。

安娜告诉我，我们要花大手笔去做广告。要让人们了解 lululemon，而且应该抓紧时间这么做，以免竞争对手层出不穷，以致没人再想起是 lululemon 引领了这一变革运动，也就是说，要抢在竞争对手让我们泯然众人之前采取行动。在市场过度饱和之后，我见过同样的事情发生在冲浪、滑冰和单板滑雪装备行业。我希望 lululemon 能够成为街头技术时尚的发明者，并且希望我们在全球范围内得到认可。我知道，如果我们是第一家在传统媒体上做广告的运动服公司，我们将吸引成千上万免费的媒体报道，从而使未来的销售成倍增长。这是一个巨大的机会领域，我又可以大展一番身手了，这种感觉让我超级兴奋。

当然，我有点怀疑安娜只是想卖出 *Vogue* 的广告位，但我完全同意她的假设，并且无法否认她的观点有道理。

然后，在 2011 年初，一个名叫雅克·列维的人加入了我们的董事会。雅克曾担任丝芙兰 CEO，在高端零售行业拥有 25 年的经验。不幸的是，雅克和我们共事的时间不长——他加入我们董事会不到一年就因癌症去世了。但是在他为我们工作的时候，他重复了安娜向我提过的建议：lululemon 需要做广告，将我们的主张传递给大众。

正如我在本书前面提到的那样，我有一种类似强迫症的习惯，如果我三次听到同一件事，我就必须要做这件事——似乎听到三次便是一个信号。大做广告的建议，先是听到安娜这么说，然后是雅克，最后是在我考虑市场变化的过程中，我的潜意识发出了越来越强烈的呼声，敦促我采取行动。我找到我们的 CEO 和董事会，告诉他们，我们多年来采用真实社区的方式建设品牌，尽管行之有效，但是现在我们不得不加倍努力。我们需要继续推进我们的社区品牌建设，同时也需要进行大规模的广告宣传。我们需要让世界其他地方知道我们是谁，因为竞争对手现在逐渐意识到，我们正在做的事情正在占领他们的市场份额。我们现在必须投资，以便拥有未来。

# 战战兢兢的董事会

"我无法说服董事会为未来花钱。"

大众网络和口碑推广是 lululemon 10 年来一直行之有效的营销手段。这种方法不仅有效,而且还为公司的空前成功做出了贡献。但是我无法说服董事会为未来花钱。这很奇怪,因为无论是董事会还是 CEO,都没有真正了解我们品牌战略的根本运作方式或原因。

我无法证明广告会奏效,这令人沮丧。我一直很擅长把握机遇,冒险投资新的事物,为公司开拓未来。

lululemon 的董事会和 CEO 都很强势。就股份所有权和分红而言，这是一个完美的组合。我拥有 30% 的股份和 20 亿美元的股票。我的 30% 股权在董事会上代表了公司对品牌、愿景和创新的意见。其他董事会成员则代表审计、薪酬、治理……从克莉丝汀的角度，还有运营。

首席独立董事迈克尔·凯西传递出来的意思是，如果我无法证明未知的未来，那么我的广告创意有效性就为零。

我感到有些事很不对劲。我知道 lululemon 请迈克尔·凯西来担任首席独立董事是看中了他在财务上的奇才。我还知道他认为自己的工作就是确保 lululemon 的钱都存在银行里，而我想用这些自由现金为我们的股东赚钱。我理解迈克尔的戒惧和谨慎，因为这也是公司为了保持董事会多元化所需要的平衡手。但是我很怀疑董事会是否真那么多元。

在我看来，受安全驱动的首席独立董事和由 CEO 充当运营官的组合不会为公司带来协同价值。我相信在 2010—2015 年不加强广告投入的决策使 lululemon 的未来市值损失了 50 亿美元。

# 谁是约翰·高尔特？

"我们的袋子在视觉上提醒着我们自己，过我们热爱的生活，战胜平庸的泛滥。我们每个人心里都有一个约翰·高尔特，为我们加油。"

一家公司倘若凝聚于爱与诚信，而非恐惧和谎言，那么它会更强大。

尽管 lululemon 董事会拒绝投资进行大规模广告宣传，但这并不意味着我们不能通过内部挖潜，利用我们最好的品牌资产。我们想问世界一个引人注目的问题："谁是约翰·高尔特？"[1]

---

[1] "谁是约翰·高尔特？"是《阿特拉斯耸耸肩》开篇第一句。——译者注

"约翰·高尔特"的创意是我在 2011 年初一次创意品牌会议上提出的,当时参加会议的还有另外 12 个人以及我们的 CEO 克莉丝汀。会议的重点是让 lululemon 的购物袋更上一层楼。多年以来,这些购物袋成功地展示了我们这家公司的"企业宣言",但是现在也许到了要考虑增添一些新元素的时候了。

我在 19 岁的时候曾经读过《阿特拉斯耸耸肩》,那时我在输油管道上工作。年届五旬时,我又重读了这本书。而经历过这么多年的风风雨雨后再读此书,使我意识到它对我的生活居然产生了如此大的影响。书中那些人物对于制作优质产品的不懈追求,他们对员工的关爱,他们的一腔热忱,以及他们对于通过压榨别人来赚钱的坚定拒绝,都已被我消化吸收,全盘接受。而在实现自我利益的同时兼顾服务世界的追求,也令我心驰神往,沉醉不已。

在这次创意会议不久之前,克莉丝汀和我接受了一次联合现场采访。我们在采访中笑了,因为我俩都说我们想共进晚餐的那个人是《阿特拉斯耸耸肩》的作者安·兰德。

在 2011 年的会议上，我提到兰德的《阿特拉斯耸耸肩》对我来说是一本非常重要的著作，奠定了 lululemon 的文化基础。我认为这本书是超级女生哲学的完美代表。

我建议我们在品牌包装袋上暗示《阿特拉斯耸耸肩》的影响。我喜欢含蓄的、不露声色的品牌宣传。如果我们直接把"谁是约翰·高尔特？"印到袋子上，那么恐怕只有像我们的超级女生这样受过高等教育、拥有良好阅读能力的人才会了解其中的深意。这是其他公司都不会想到的营销方式，品牌团队表示同意。

1991 年，美国国会图书馆和每月之书俱乐部的一项民意调研发现，《阿特拉斯耸耸肩》是仅次于《圣经》的第二有影响力的著作。2007 年进行的另一项民意调研发现，有 8.1% 的成年美国人已经阅读过该书。但在为我们工作的年轻女性中，却几乎没有人读过甚至听说过它。这一点令人惊讶，因为如果说有一个可激励女性成就一番事业的榜样，那一定非该书主人公达格妮·塔格特莫属。

克莉丝汀喜欢把约翰·高尔特之问放到购物袋上的创意。几个月后，这些新袋子在我们的所有门店投入使用。我认为这既是一种品牌战略，又是一种开启哲学对话的方式。这也将帮助我们巩固那些对此"心领神会"的人成为我们的核心客户。

为了配合购物袋的发布，我们在社区博客中补充了以下解释："我们许多人都在不知不觉之中选择了平庸。我们为什么会这么做？因为我们的社会鼓励平庸。庸碌一生比成就伟大更容易。我们的袋子在视觉上提醒着我们自己，过我们热爱的生活，战胜平庸的泛滥。每个人心里都有一个约翰·高尔特，为我们加油。"

尽管我喜欢兰德的作品，但我没有意识到她在美国引发的政治分歧竟然如此之大。随着2012年美国大选的临近，右翼政治派别正在将《阿特拉斯耸耸肩》用作分辨敌我的试金石。这给了左翼（我确定他们没有读过这本书）所有理由来讨厌这本书，以及兰德的其余作品。许多人似乎认为，将一个灵感源自瑜伽的品牌与兰德的客观主义联系起来是突兀而不协调的。

我不这样认为。lululemon 的哲学是树人，是影响带动你身边的每个人去成就伟大，振兴世界。《阿特拉斯耸耸肩》的达格妮·塔格特是一位 30 多岁、积极进取的职业女性，而 lululemon 的理想客户可能会从她身上看到自己的影子。

我还注意到，最响亮的抱怨似乎来自那些不追求卓越或不愿意努力去做出一番事业的人。这些人是我们品牌客户的对立面，而且我知道，让平庸的人购买我们的产品反而对我们的品牌不利。

在打造品牌的问题上，我们的 CEO 和董事需要了解，非客户在社交媒体上的强烈抵制实际上会创造真正的品牌价值。核心客户不屑与那些喧闹的反对者为伍，因此他们的忠诚度只会增加。

同时，媒体对购物袋也进行了广泛报道。加拿大《环球邮报》承认袋子引起了"热烈的讨论"，而《板岩》和《福布斯》两份杂志则指出，安·兰德已被茶党奉为女英雄。[1]

总体而言，我对坊间热议的局面感到满意，但这也是社交媒体崭露头角的开始。似乎是一夜之间，只要拥有一台计算机，任何人都能摇身一变，成为任何既定议题的专家，侃侃而谈，指点江山。不过，抛开无休止的政治辩论不谈，我们做了一件正确的事。我们引发了一场对话，我们正在以独特的方式营销我们的品牌。

我们的许多董事不了解我们品牌宣传工作的独特性。我们的品牌宣传源于我在冲浪、滑冰和单板滑雪等行业积累的经验，在这些行业，品牌都是通过反传统建立起来的。具体来说，是先创建一个"部落"，再由他们营造一种社会风尚，鼓励其

---

[1] Simon Houpt, "lululemon's Ayn Rand Bag Irks Some (Others Shrugged)," *The Globe and Mail*, November 15,2018, updated, May 8, 2018, www.theglobeandmail.com/report-on-business/industry-news/marketing/lululemons-ayn-rand-bag-irks-some-others-shrugged/article4200710/; Molly Worthen, "Who Is John Galt and Why Is He on lululemon Bags?" *Slate*, November 18, 2011,http://www.slate.com/articles/double_x/doublex/2011/11/ayn_rand_groupies_yoga_enthusiasts_and_the_american_genius_for_self_absorption_.html; Todd Essig, "Occupy Your Yoga Pants: lululemon's Toxic Mix of Commerce and Ideology," *Forbes*, November 21, 2011, https://www.forbes.com/sites/toddessig/2011/11/21/occupy-your-yoga-pants-lululemons-toxic-mix-of-commerce-and-ideology/#611893935848.

他人效仿（这种做法与奢侈品公司并没有什么不同，它们广而告之的部落都是生活奢华的阔佬，而这些人的生活是99%的奢侈品顾客无法企及的）。

这些是口碑营销的精妙之处，《引爆点》一书对此有精彩描述。

克莉丝汀对此的反应只能用一个词来形容：怪异。

在董事会会议上，当着一众董事的面，克莉丝汀告诉董事会，她从未见过这些购物袋，也从未批准过此事。克莉丝汀不知情的想法是不可想象的。我不得不认真反省，确保我不是凭空编造了这个故事。

我认为最好与品牌团队谈谈，以确保我并没有发疯。

在与首席独立董事迈克尔·凯西的另一次会议上，我向他提出克莉丝汀说谎的事，我能感觉到他不相信我。这种情况简直匪夷所思，所以，我认为整个事件的原委应该是一次疯狂的偶发事件。我的诚信受到了打击，约翰·高尔特购物袋从门店下架了。

我认为,这次召回事件损害了我们的品牌,因为我们的超级女生可能会感觉到我们追求卓越的立场是软弱的。参加创意会议的人都想知道为什么我不支持他们,为什么克莉丝汀要把我们所有人往火坑里推。我无法自圆其说。

克莉丝汀毫不动摇地坚持她的说法,并因管理一家稳定的公司和一个不按常理出牌的创始人而备受赞誉。看起来,对股价上涨的热爱迫使董事会宁可失之谨慎也不愿轻举妄动。在接下来的几个月中,她继续向媒体讲述她告诉董事会的故事,坚称她并不了解或是不同意生产那些购物袋。

看到这一切,lululemon 的文化立即发生了变化。公司文化已转变为人们只想做好表面功夫、明哲保身、但求无过的平庸文化。克莉丝汀确保员工不能直接与董事接触,董事们也决心以良好治理为托词对此类事情不加干涉,不做审查。我当时在董事会为员工发言,但我感觉自己已经失去了影响力。诚信文化在最高层受到了伤害。

继续读下去，你会看到一系列灾难接连发生。总的来说，人们会认为是我招致了失误，所以我罪有应得。我要对他们说，这一评价很公平。我还认为，在我知道克莉丝汀是公司的病毒之后，没有在第一时间当机立断解雇她，结果导致时至今日仍未结束的多米诺骨牌效应。

## 快速增长时要战略上通盘考虑

---

"我坚决认为,我们不需要将我们的产品线多元化,而是应该将重点放在核心产品的持续设计和创新上。"

到 2011 年,街头技术运动服装市场的增长持续提速。这不是几年后才发生的事情,这是现在正在发生的事,我知道我们正处在世界穿着方式即将发生指数级变化的前夜。当我们再次审视竞争对手时,我知道我们更需要战略上的通盘考虑,而不仅仅是大做广告。

在 lululemon 成立之初,我们拥有主要服装供应工厂(查特林克工厂,由我的好朋友弗兰基·洪和埃尔基·洪经营)50% 的股权。从垂直零售的角度来看,我们可以更改生产以满足即时需求和样式调整。这对工厂也有好处——我们将面料存储在工厂，满负荷工作，因此我们都赚了很多钱。

洪氏兄弟富有创造力，聪明而且勤奋。当我与他们协商价格时，我们会共同审视市场，确定我们以什么价格出售产品以最大程度地增加销量，同时仍能获得最佳利润。

更进一步，也许最重要的是，lululemon 持股查特林克 50% 的股权，实际上使我们的任何竞争对手都不会使用这家工厂。因为如果他们真要使用工厂，赚钱的是我们。

但是到了 2011 年，随着形势的变化和竞争对手崭露头角，我认为我可能需要将制造业作为一项战略资产来重新加以审视。

我知道中国台湾拥有全球最大的三家技术面料工厂。它们可以生产 lululemon 需要的织物。在这三家工厂中，儒鸿是最具创新性的一家，也是我们的最佳供应商。儒鸿恰好也是一家制造商，并且是一家上市公司。

2011 年，lululemon 在银行里坐拥近 10 亿美元的存款，没有使用计划。显然，lululemon 可以购买足够的儒鸿股份来成为 50% 的所有者。如果这种办法行得通，我们还可以与其他两家大厂合作。我们可以围绕技术面料的生产挖掘出一条巨大的护城河。

不幸的是，我的想法与董事会不一致。对工厂进行数十亿美元投资不是我们的核心业务。此外，他们说，到目前为止，他们还没有看到其他品牌激烈竞争的任何迹象。

我无法向人们描述冲浪、滑冰和单板滑雪行业的竞争如何损害了威斯特比奇保护公司利润和商业模式的能力，这让我深感沮丧。我以为聪明、成功的董事应该知道 lululemon 是靠垂直业务赚钱的。我感到世界正在追赶上来，并且快要超过我们了。

那么，如果围绕我们的制造能力挖掘护城河不可取，又该如何实现我们产品线的多元化呢？在针对 lululemon 日益激烈的竞争中，出现了各种各样的产品。例如，耐克生产的服装和鞋子，这也是安德玛的发展方向。

有那么一段时间，我曾考虑进入鞋类市场以补充我们自己的产品线。但是，lululemon 增长得如此之快，以至于我们把所有的精力都花在如何让我们核心产品的生产不拖后腿上了。

我认为，多元化的最佳时间是在瑜伽服装普及之前的两年，那时我们还有一点喘息的空间。我们在 2011 年还没到那个程度，但也差不多了。对企业来说，最糟糕的事情莫过于在需求已经存在之后才开始计划——企业必须在需求出现之前进行投资。

我对鞋类也有所保留。跑鞋总有一股夹杂着橡胶、塑料、胶水和皮革的气味，让人想起老派的、以男性为中心的体育用品商店，工业照明设备，肮脏的体育用品商店的更衣室。我眼前浮现出的这一景象只有男人才能接受，与我们 lululemon 门店专为取悦和欢迎女性贵客而设计的精美店面与氛围截然相反。

放下这股化学气味不提，其实耐克在鞋类的设计和生产方面一直是做得相当出色的，而且已经消除了鞋中有毒的胶水气味。为了使 lululemon 能够在鞋类市场上竞争，我们必须开发新技术并在耐克最擅长的领域领先于它。当 lululemon 的大部分精力都用在保持自己的生产不掉队的时候，与耐克竞争似乎就变成了一场目标分散而不确定的赌博。鞋类产品的门店布局也与服装相反。鞋类零售店是拿出 30% 的面积卖货，70% 用于后台的仓储，而服装则相反。

我的理论是把称作"瑜伽"的这块体育用品蛋糕全部吃掉。我相信，如果我们能把这一块业务做到全球最好，那么客户也会给予我们开拓其他市场的权利。因为温哥华的瑜伽爱好者里有一万人同时也喜欢跑步，所以跑步服装是很自然的选择。

2008 年，唯一的女式短裤是我们的设计团队所称的耐克尿布短裤。这款短裤颇具美国中西部风范，但性感吸引力却是负数。我想模仿我妻子所穿的瑜伽裤，设计一条带腰带的运动短裤，所以我与我认识的最好的设计师之一香农·萨维奇分享了自己的想法。香农创造了标志性的风格。我做的唯一修改是沿着后通气孔加了一块加固套结，这样我们就可以创建一个工业商标来获得外观的永久所有权。

此外，lululemon 还考虑了外套，包括冬季外套和其他季节性服装。我在威斯特比奇做过外套，有那段经历垫底，我觉得自己可以算是这一领域的专家。我知道我们的商业模式非常适合登山服装。但是全球变暖的趋势让我心存疑虑，而且登山外套总是打折，而我讨厌打折。

全球气候变化意味着到了 12 月的时候，一个海岸太热，另一个又太冷。如果人口稠密的东海岸仍然温暖宜人，那么 30%~40% 的季节性库存就卖不动了。我决定 lululemon 要成为全世界最好的春秋装生产商，这样我们就能从秋天一直卖到春末。

我所谓的"出入瑜伽服"（Après Yoga），即在进行这项流汗运动之前或之后都可以穿的衣服，是我们可以占有的一个巨大市场空白。我坚持认为，我们不需要将我们的产品线多元化，进入鞋类或外套等市场，而是应该将重点放在核心产品的持续设计和创新上。

除非我们重新定义 lululemon，认为它是瑜伽服装公司以外的其他公司。

# 看得见的业绩，
# 还是看不见的品质？

---

**"外行人几乎察觉不到的微小错误**
**对我来说却是巨大的隐患。"**

我开始对自己在公司中承担的角色感到一丝不确定。我向董事会提出的很多建议都已被叫停。我们在品控上投入的资金也减少了，结果导致质量达不到我们的标准。我们不停地提价，只是因为我们可以提价，但我们好像是在卖掉我们的未来，只为获得一时的满足。我们为华尔街的股票分析师提供他们想要的一切，但我担心我们的基础正在变得越来越薄弱。

我一直认为董事会在做他们认为正确的事情。我们有九位非常聪明的独立董事，他们每年开会四次。他们不断告诉我，一切都很完美。"您不了解大公司的运作方式，"他们对我说，"您能做的最好的事情就是不干预管理。"

在 2011 年临近尾声的时候，我意识到 lululemon 正在放弃对自己进行大量再投资，以此为代价换取股价上涨。

我对质量的担忧很难向董事会表达清楚，但我 30 年（从威斯特比奇到 lululemon）里的每一天都花在感受面料、研究它们、拉伸它们以及检查针脚这类事情上。外行人几乎察觉不到的微小错误对我来说却是巨大的隐患。

随着时间的流逝，这些微小的缺陷会越积越多。由于不再有意识地对品控进行再投资，几乎所有针对品控提出警告的员工都被 lululemon 解雇了。

我们的新任产品主管开始开会迟到，并且不愿意接受有关诚信影响的指导。她总是迟到，向整个公司证明迟到是可以接受的。结果大多数会议都要晚 10~20 分钟才开始，而准时到达的 10~20 人只能坐在那里空等。

我的理论是，如果会议不能按时举行，那么员工就会下意识地认为，将产品运到门店所经历的数千个中间步骤也可以不准时。如果不按时向门店交货，那么产品的当季销售天数就会不足，款式再新，也只能打折销售以减少超量的库存。

每折扣 1 美元，公司的市值就会减少 10 美元。产品不停打折的公司只会吸引素质较低的员工，并导致更高的员工离职率。更高的离职率意味着更高的人力资源支出、培训成本和更多的管理问题。更高的离职率也会导致可以作为后备管理干部进行培养的人员减少。这就是诚信的作用。这就是会议必须按时开始的原因。

# 个人反思与决定

"当我们的服装标准已经成为行业最佳时，人们难道不应该来研究我们的做法并从中学习吗？"

也许问题出在我身上。

如果我真的相信个人问责制和真实性的原则，那我就必须考虑这种可能性。

我仍然相信我们的董事提供了公司所需的经验和知识。大多数人都曾经营过比 lululemon 还要大的企业。许多人都是美国商界的标杆人物。他们对于上市公司的经营之道以及在美国法律体系中避免受到起诉的生存之道均了然于胸，把握精准。迈克尔·凯西、玛蒂·莫菲特、艾米莉·怀特、罗达·皮彻、汤姆·斯坦伯格和罗安·考斯汀等董事告诉我，lululemon 不需要改变。

我们要做的就是继续做我们正在做的事情。迈克尔告诉我，我们拥有可能是业内最好的 CEO，我们不需要为 4 级高管培养后备人才。迈克尔认为，把顶尖人才留在副手的位置，为克莉丝汀任职期满做准备，这种做法的代价太高了。

我决定做我认为正确的事情。我断然告诉董事会："克莉丝汀是 CEO 一职的错误人选，她正在杀死公司。她用的人全都唯她马首是瞻，没有强到公开表达不同意见的程度。我们没有在质量流程上进行投资，我们将遭受质量灾难。员工很不高兴，但克莉丝汀建了一堵墙，不让你们与他们交谈。你们已经脱离现实了。如果我们现在不能摆脱克莉丝汀，那么问题不在于 CEO，而在于董事会。我们的头号工作是拥有可以增加长期价值的 CEO。我们的 CEO 正在扼杀这只会下金蛋的鹅。如果你们认识不到自己已经成为毁灭这家公司的同谋，那么为了 lululemon，请辞职吧。"

不幸的是，董事们不同意我的判断，我再次成为孤家寡人。

lululemon 的股价持续上涨。明年我们的市值将达到 120 亿美元，但我知道我们只值 100 亿美元。我相信服装是比鞋更大的市场，但是我们没有跟上潮流，无法实现任何未来的指数增长。到了那时，我知道我们的基础正在崩溃，我们失去了赶超耐克的动力。

我年轻时一度是加拿大 100 米仰泳的纪录保持者。当时，加拿大首席奥林匹克教练霍华德·费比来看我。他看我划水，并让我改练世界顶级游泳选手的划水技巧。由于效果不佳，我不禁想也许霍华德的做法是错误的。那些顶级游泳运动员在我那个岁数时都没有我游得快，难道不应该是他们来研究我的划水并试图效仿我的动作吗？

以此类比 lululemon。当我们的服装标准已经成为行业最佳时，人们难道不应该来研究我们的做法并从中学习吗？每次有外部经验的人进入时，他们都想将我们的模式更改为他们熟悉的样子。人们本应该加入我们，学习我们的做法，然后提出建议，而不是相反。

我们的董事汤姆·斯坦伯格是史泰博的创始人兼名誉主席。他建议我辞职，担任 lululemon 的名誉主席。也许汤姆自己很看重这个虚职，但它对我而言却毫无意义。汤姆需要这么一个名分，因为他是"被"退出史泰博的，但我不是。我还认为汤姆想控制 lululemon 来弥补他在史泰博的损失。这是一个出于错误的原因提供的错误的建议。

# ABC 男裤

"我们错失了一次原创性的叛逆营销的好机会，而本来这是一个可以得到男性充分理解的品牌。"

与此同时，我设计了 ABC 系列男裤。我一直认为，让人操心的衣服不是好衣服，好衣服穿起来应该给人一种身上浑然无一物的感觉。出于我们都知道的原因，裤子可能是穿着感受最差的服装，尽管并非每个男人都能大大方方地承认这一点。

我知道我们为女性创造的这些弹力裤穿起来有多舒服，那为什么不能给男性也设计几套呢？我们也希望裤子能随我们的身体一起运动。要是整天坐在办公桌前或是坐 8 个小时的飞机去柏林，而不必担心睾丸受压，那该多好。因此，我们创造了一种经编针织面料，并用这种面料做了一款男裤，我将这款板型称为"不伤根男裤"。

这引起了品牌负责人的彻底反叛，她是克莉丝汀从宝洁挖来的，名叫劳拉·克劳伯格。说劳拉与公司文化不合，已经算是一种轻描淡写的说法了。

由于担心社交媒体的强烈反对，这条裤子被重新命名为 ABC 男裤。我们错失了一次原创性的叛逆营销的好机会，而本来这是一个可以得到男性充分理解的品牌。五年后，lululemon 开始将 ABC 男裤称为"不伤根男裤"，但那时我已经用"不伤根"这个词来形容其他品牌了。2019 年，我尝试将"不伤根"商标化，但是我的律师告诉我，由于这个词太形象了，因此不可能注册商标。2019 年，lululemon 向 Kit & Ace 发出了一封措辞强硬的信，要求停止使用这个词，他们声称最近已经将其申请了商标注册。

# 可能发生在创始人和
# 最大股东身上的虚构故事

"创始人是否应该放弃自己和公司的诚信,以免陷入浪费时间的法律陷阱?也许应该。"

接下来的虚构故事实际并没有发生,因为如果真发生了,会导致严重的法律后果。

假设某位创始人发现了一个重要的品控问题,导致某一款式的所有成衣都无法使用。召回的服装数量将严重影响上一年度的财务报表。公司必须销毁服装,必须收回发给管理层的奖金,审计委员会必须将错误报告给公众。

但如果将品控问题两次报告给 CEO，CEO 却没有采取行动，该怎么办？如果在 CEO 不采取行动之后，创始人将证据提供给审计委员会主席该怎么办？如果审计委员会主席认为最好的办法是想法削弱创始人的影响力，而不是把这个问题当作商业挑战来处理，又该怎么办？

在这种情况下，创始人就会陷入进退维谷的困境。如果创始人向美国证券交易委员会等监管机构报告这一问题，就会进行为期五年的法律诉讼，创始人将被拖入无休止的法律调查和庭审。

处理法律问题还需要大量出差，这意味着没有时间陪伴他们的家人，也没有时间关注如何带领公司继续前进。

创始人是否应该放弃自己和公司的诚信，以免陷入浪费时间的法律陷阱？也许应该。作为一家上市公司，应该报告错误却没有报告，那么创始人是否会因为知道这一点而被列入不诚信之人名单？

绝对会。

创始人应该如何解读未来的审计委员有没有能力保护所有股东的利益？无论如何，希望这些困难场景的假设能够帮助创始人和大股东了解可能发生的情况。不过，本故事纯属虚构，请勿对号入座。

第四部分

# THE
# STORY
# OF
# lululemon

# 回到温哥华

"除去一份为期三年的运营战略计划，
我们到底是什么？我们面临的竞争
每天都在加剧，我们与他们有何不同？"

再次回到一线后，只花了几周的时间，我们就把需要知道的情况全部了解清楚了。

在 30 年的时间里，我收集了来自世界各地的服装样本。每件服装都有特殊的纽扣、拉链或技术服装解决方案。我们用这些样本对设计师进行视觉启发。服装样本库数量很大，轻轻松松就能塞满一个博物馆。但是当我们设计下一季的产品线时，我发现大部分最佳样品都消失了。我告诉审计委员会主席玛蒂·莫菲特,我们遇到了一个严重的盗窃问题,但是她却一边躲闪着我的目光一边告诉我,这个问题对审计委员会而言还不够重要。后来我们发现克莉丝汀趁我们在澳大利亚的时候把95%的样品都卖掉了,只是为了腾出一点空间。那个时候我们的心都碎了。

不过,能回来还是很开心的。我认为我们并不是唯一有这种感觉的人。真正了解公司的那些老人见到我们都很高兴,我们也很高兴见到他们。设计团队对业务再次由设计主导而不是由销售主导感到兴奋。

"我一直专注于保持业务发展,"米歇尔·阿姆斯特朗说,"因此,我甚至没有注意到导致奇普和夏依提前回家的种种状况。当他们来到办公室为我们提供支持时,我的团队和我真是喜出望外。我们的销售团队非常高兴能从奇普那里学习原汁原味的《经营原则》,许多人是公司的新员工,不是他带领产品团队的时候培养起来的。夏依在会议上提供反馈意见的才能简直太不可思议了,她的品位和远见都极受重视。"

迪安妮·施韦泽说："当我们打电话给奇普，告诉他我们的招牌面料存在一大堆质量问题时，我认为他觉得他的公司被搞砸了，他需要尽快回来补救。而且我们也不是以前那种敢于负责、敢于问责的文化了，多了很多指责。

"当时，我在公司出任新职——女装高级副总裁。奇普和夏侬回来上班，我个人对他们的专业知识是欢迎的。他们不但参加了我们的设计会议，还通过言传身教，使我们懂得lululemon产品的独特魅力和优势。夏侬还与设计师一起参加试穿活动，这同样很有价值。设计师们喜欢她的视角，我也喜欢有人能帮我多盯着点。

"在他们放长假之前，奇普为公司撰写了《经营原则》。许多人以前从未与他合作过，所以大家都非常激动，能够听他亲自宣讲全部经营原则。经过这些宣讲，产品团队感到充满活力，干劲十足。

"所有这一切都让克莉丝汀感到不爽。当时，作为高管，我感到奇普回来后，他和克莉丝汀之间的关系很紧张。虽然没有明说,但我还是觉得自己被划进了'奇普帮'里,大家对此心知肚明。那段时间,大家压力很大。"

"很明显,高级管理层不愿意让奇普和夏侬重掌大权,"吉尔·查特伍德说,"这是克莉丝汀终结的开始。大家开始分拨站队,你要么是奇普这一派的,要么是克莉丝汀这一派的,而你自己其实并不确定应该站在哪一头儿。这种感觉挺别扭的。上层的分歧造成了产品团队的分裂。气氛很紧张,每天的指示都有反复,一会儿朝东,一会儿又朝西。"

几天后,2013年4月中旬,我与克莉丝汀本人进行了谈话。我本来没有计划进行这次谈话。那天已是傍晚5点,快要下班了,我和她都在她的办公室里。我只是想与她重新建立工作关系。正如我所看到的,我们需要消除误会。

从某种程度上说,这次艰难的、毫无营养的对话已经酝酿了很长时间。我们曾经有过良好的合作关系,既发挥了各自不同的优势,又能拧成一股绳向着一个方向努力。但那以后发生了很多变化,现在到消除误会的时候了。

最后，我看着她说："克莉丝汀，你为 lululemon 做了很多贡献，但你对公司从未有过愿景。除去一份为期三年的运营战略计划，我们到底是什么？我们面临的竞争每天都在加剧，我们与他们有何不同？"

我总结道："在我看来，你是世界一流的首席运营官，但你是一个糟糕的 CEO。"

她只是哭着转身走了，我认为这种反应很不专业，并且是惺惺作态。我结束谈话就回家了。坦率地说，我不确定自己相信她的情绪反应。我觉得她哭的次数太多，一有压力就哭，已经让我见怪不怪了。

不管是不是演戏，反正第二天克莉丝汀就向董事会提交了辞呈。

# CEO 辞职了

---

"公司没有现成的后备人才可以接班，
也没有在基础设施上进行投资。"

克莉丝汀想要辞职的声明令董事会感到震惊。接班人计划一直没有得到关注，董事会最终说服克莉丝汀不要辞职并继续留任，至少过渡一段时间，避免公开发布任何可能让已经紧张不安的华尔街更加紧张不安的公告，同时也让董事会能够悄悄地开始寻找继任人选。

如果她立即走人，我相信公司可以很快从质量问题中恢复过来，但是董事会不愿意抓住这个机会。

我想迪安妮·施韦泽已经做好出任 CEO 的准备。我们只需要聘请一位世界一流的首席运营官来支持她大展身手，但董事会不同意。

另一个可能的解决方案是让我担任临时 CEO，因为看起来我们又回到了鲍勃·米尔斯不辞而别时的情形。当霍华德·舒尔茨重返星巴克时，分析师和华尔街都惊恐不已，因为按照他们"业绩驱动"的标准，霍华德并不老练，也不知道自己在做什么。显然，他们也是这样看我的。董事会对于一个自以为是的创始人重返公司会引起华尔街怎样的反应感到恐惧。

无论采取哪种方式，都让董事会手忙脚乱，进退失据，他们知道这一点。由于董事们的声誉面临威胁，因此他们不得不向克莉丝汀让步，直到他们找到人填补空缺。

情况并没有改善，最终，克莉丝汀于 6 月召开第一季度业绩电话会议之际再次向董事会提交了辞职申请。

"这是我的个人决定。"[1] 克莉丝汀关于辞职的简短声明是这么说的。(几个月后,克莉丝汀在接受《财富》杂志采访时说,她离开 lululemon 是因为她的愿景,不管那是什么,都与我的愿景相去甚远,而且我喜欢颠覆和冲突[2])。

克莉丝汀承诺将留任到董事会找到继任者,但最终证明很难做到这一点,因为她也对华尔街放出话了,说我是一个极富挑战性的人,很难共事。

以目前的样子,我知道 lululemon 很难在接下来的 2~5 年里有什么作为,而就在这段时间,人们的着装方式可能会发生全球历史上最为戏剧性的变化。公司没有现成的后备人才可以接班,也没有在基础设施上进行投资。

克莉丝汀发布消息的当天早些时候,公司股价近乎创造历史新高,随后股价下跌了 10%~15%。作为大股东,除非开设

---

[1] Shaw, Hollie. "lululemon Shares Plunge as CEO Christine Day to Step Down." *Financial Post*, 10 June 2013, business.financialpost.com/news/retail-marketing/lululemon-chief-christine-day-to-step-down.
[2] "Ex-lululemon CEO on Why She Left the Company." *Fortune*, Fortune, fortune.com/2014/12/03/lululemon-ceo/.

10B-5-1 信托账户，否则我无法出售 lululemon 股票。有了信托，我就可以提前一年告诉经纪人我想出售哪一类股票，以怎样的价格和数量交易。我一直看多 lululemon，同时我又不急用钱，所以我总是将目标价格定得很高。幸运的是，托管人在克莉丝汀宣布辞职前进行了一小单交易。从表面上看，我似乎在利用内幕消息出售股票。迈克尔·凯西显然很不安，因为我没有把卖股票的事情告诉他，而且我觉得他也把 lululemon 表现欠佳归咎于我了。这次风波随即引起一次法律诉讼，但我绝对是清白的。

我不记得那天上午我卖了多少股票，就算是套现了 4000 万美元吧。对迈克尔·凯西来说，这笔钱似乎是个大数目。但对我来说，相对于我的财富而言，这点钱实在微不足道。在很长一段时间里我一直在小规模地卖涨，但这件事是如此微不足道，以至于我从未查对过，要不是信托到期，我可能连问都不会问。

# 股价历史最低时

"以当时的状态,我看不出 lululemon 会有什么起色。"

2014 年,lululemon 股价走势疲软。董事会没有新人加盟,而且由于股价持续下跌且董事会不太稳定,lululemon 也无法吸引高素质的董事。

以当时的状态,我看不出 lululemon 会有什么起色。我认为前进的唯一方法是将我一半的股份(以及实际上的两个董事会席位)出售给安宏资本,并给董事会换血。

安宏资本说服我把我的股票卖给他们,因为他们告诉我他们想进来,然后进行一次董事评估。他们的意见与我的相同。

lululemon 的董事岁数都太大了，效率低下。安宏资本的策略是，以新董事的身份出现，然后对董事会进行"独立"评估。他们说，这种评估将创造一种"不错"的方式，借此接触三四名董事，并要求他们辞职。他们说这是一种优雅的问题解决方法。

2014 年 8 月，我将我持有的一半股份卖给了安宏资本。安宏资本早在 2009 年中期就完成了对 lululemon 的原始投资，此后一直没有参与，但现在他们似乎很高兴进行再投资。他们知道，在股价缩水的时候，他们的投资将带来稳定，并且可以立即增加股票价值。我就指望这个了。

无论如何，交易到 8 月 11 日宣告完成。安宏资本也提出收购 Kit & Ace，我同意这是一个好主意。但这并不是我的公司，轮不到我表态。结果在安宏资本完成交易后，拥有 Kit & Ace 的夏侬拒绝了他们的要约。"现在似乎还不是时候。lululemon 的变化很大，他们已经很清楚地告诉我了，他们不想这样。Kit & Ace 只开业了几个月。我要对那些加盟 Kit & Ace 的人负责，而且如果所有权变了，我对他们的未来也不放心。"我支持她的决定。

# 与 Kit & Ace 的竞争和冲突

"如果你总期望心想事成,你的生活就是冒牌货。只有勇敢选择自己得到的东西,才是真正的生活。实际上,你所得到的正是你的选择。要想不断前行,就勇敢选择吧。"

——维尔纳·艾哈德

同时,Kit & Ace 的发展壮大不禁使人们猜测它准备与 lululemon 竞争。《金融邮报》说:"虽然 Kit & Ace 仍处于起步阶段,但它可能会吸引 lululemon 的核心消费者。"[1]

---

[1] Reuters, "As lululemon Seeks to Recover, Founder Chip Wilson's Family Bets on Casual Luxury with Kit and Ace Venture," *Financial Post*, October 28, 2014, business. financialpost.com/news/retail-marketing/as-lululemon-seeks-to-recover-founder-chip-wilsons-family-bets-on-casual-luxury-with-kit-and-ace-venture.

Kit & Ace 使用天然纤维，而 lululemon 使用合成纤维。lululemon 专为流汗运动和锻炼而设计，Kit & Ace 则专为那些想要把技术服装穿到办公室的人而设计。

此外，lululemon 经过细致的考量和计算，已经放弃了羊绒技术服装及其设计，而这正是 Kit & Ace 的基础所在。lululemon 的真正竞争是与耐克、阿迪达斯和安德玛堂堂正正地争夺数十亿美元的商业机会。

不幸的是，lululemon 的董事会对此有不同的看法。我在 2014 年末的董事会会议上发现了这一点。在会议开始之前，戴维·穆塞菲尔将我带到大厅里，告诉我有些事情需要我知道。

"董事会将成立一个特别委员会来管理公司。"戴维说。他解释说，"特别委员会"将由除我以外的所有董事组成。"正式"董事会会议将持续约两分钟，然后由特别委员会接手。由于我不会成为该委员会的成员，因此在会议开始两分钟后就不再需要我了。戴维解释说，他们并没有把我踢出董事会，但他们要使我百分之百靠边站。

他们给出的原因是 Kit & Ace。

董事会认为，我与 Kit & Ace 的关系构成了利益冲突。我当然觉得这很荒谬。汤姆·斯坦伯格和罗安·考斯汀都投资了一家直接模仿 lululemon 的公司，而且都在那家公司的董事会任职，然后他们居然把我与 Kit & Ace 的关系称为利益冲突，这无疑更增添了整个事件的荒诞性。

安宏资本也没有帮我。他们似乎对夏侬拒绝了他们收购 Kit & Ace 的提议感到失望。他们说这让他们在投资者面前很没有面子。会议结束后，戴维说："奇普现在要离开。"事情就这么定了。

我很清楚，问题不在于我与 Kit & Ace 的冲突，而是汤姆和罗安与城市体育（City Sports）[1]的冲突，而其他董事只想牺牲 lululemon 来保全自己。在这一点上，他们可是出了名的。

---

[1] 城市体育是美国东海岸一家体育服装公司，即上文所说的模仿 lululemon 的公司。汤姆和罗安所属的私募都是该公司的股东，两人也在该公司董事会任职。——译者注

我意识到我需要完全摆脱董事会。试图从内部解决问题是行不通的，甚至可能永远行不通。留在董事会就是和一群不称职的领导同流合污。我离开了董事会，我的那个席位就这么空了。

关于董事会组成的独立研究表明，我就是董事会认为的不能与其他董事很好合作的那种人，董事会没有进行任何调整。但董事会不知道的是，我也进行了一项独立评估，评估提议罢免五名董事会成员，因为存在利益冲突，而且他们没有担任全球服装公司董事所需的专业知识。我现在认为，在购买我的 50% 股份之前，安宏资本与 lululemon 的董事达成了一项交易——把我从董事会里赶出去。

现在我很清楚，安宏资本制造了一匹特洛伊木马来赶走我。我提议向他们出售一半股份，请他们下场帮助我更换董事会，但最符合他们利益的做法却是与现有董事会合作。我在董事会里会阻碍他们实现私募的短期利益，因为我的长期观点与他们对短期收益的需求是相互冲突的。安宏资本需要控制董事，需要被动的、墨守成规的机构股东来实现他们的策略。

# 虚拟年度股东大会

---

"在我看来,不在董事会反而可以使
我发挥比在内部更大的作用。"

我不发布新闻稿就不能买卖 lululemon 的股票,于是我选择不参加 lululemon 2015 年股东大会。此后连续几次年度股东大会,我都是写信,问一些有见地的问题。我认为,如果董事会讨论并回答了这些问题,lululemon 的价值早就增加几十亿美元了。

董事会的表现也令人惊叹,他们在 2016 年召开了虚拟年度股东大会,这样,两位董事会主席迈克尔·凯西和戴维·穆塞菲尔就能对问题进行预先筛选,有些就不问了,有些改改再说。显然，既然不提出问题，他们也就决定了不回答股东问题。而如果与董事会主席打交道就谈不上诚信，公司吸引不到诚信的 CEO 自然也就不奇怪了。

如果能用与财务审计同样严格的方式来衡量愿景、品牌、人才培养和创新，那么 lululemon 将陷入诉讼深渊。

在 2017 年虚拟年度股东大会之前，格伦·墨菲和戴维·穆塞菲尔作为联席主席与我联系。我并不完全信任戴维，因为在我看来，他与迈克尔·凯西密谋不回答我在 2016 年虚拟年度股东大会上提出的问题。但我也不太了解格伦·墨菲，他单独受安宏资本的激励，因此肯定不会那么独立。我不禁要想，也许他们在 2017 年虚拟年度股东大会之前与我交谈是希望换一种方式让我保持沉默（毕竟公司长期表现不佳，而且新换的一位 CEO 的表现也很糟糕）。我的结论是，私下对话不会取得什么结果。

我退出董事会的原因是，在克莉丝汀的时代结束后，我也失去了内部公信力。我决定辞职，这样我就可以利用公开渠道来揭露董事会长期表现不佳、过时的治理实践，以及缺乏诚信的情况。在我看来，不在董事会反而可以使我发挥比在内部更大的作用。

回想起来，我本来可以和戴维及格伦会面的，但我在 lululemon 的失败令我心有余悸，因为就是信任了存在利益冲突的董事才导致这样的结果。看来董事会这两大势力都受到短期利益的驱使，但为了让我相信他们有长远愿景，他们什么谎都愿意说。我已经看到 lululemon 的长期利益被安宏资本出卖了一次，当时他们激励鲍勃·米尔斯在 2007 年和 2008 年大干快上，开设了太多的美国门店。

既然已经吃过一次亏，那我这次就选择不信任他们（"决定"和"选择"这两个词在使用上是有关键区别的）。我的选择不牵扯一丝一毫的感情因素。我知道自己有双重人格：一个我是对 lululemon 充满感情的创始人，是最爱它的情人；另一个我则是长期商业投资者。我刚刚意识到我需要像投资者一样思考。

我现在克服这种双重人格的羁绊了吗？当然。我可以选择成为协作者，与团队合作。我相信我现在对于人和人性动机的了解远比我当年还是董事会的青涩成员时要深刻得多。我现在也积累了足够的人生经历，能够理解大多数董事对公司的实际运作不是很了解的状况。因此，我没必要把从其他企业身上学到的东西完全照搬过来。其他公司与 lululemon 这一类垂直技术服装公司之间的关联性是非常小的。

在虚拟年度股东大会上，为了给董事们保留颜面，就可以无视最大、最有见识的股东，这真是上市公司圈子里的一大悲哀。美国证券交易委员会也没有每年一次落实好股东对企业经营的质疑权，这又是一大悲哀。

我向 2016 年和 2017 年的虚拟年度股东大会的提问被忽略且未得到回答。这些问题直指 lululemon 存在的核心问题，当然，它们也指出了董事的无能，因此令人尴尬。但是，如果我还是董事会成员，我也会问这些问题，而如果这些问题得到了回答，lululemon 的市值其实还能再增加数十亿美元。

值得赞扬的是，董事会于 2017 年进行了调整，发生了很大的变化。其中包括从来福车请来乔恩·麦克尼尔，从安宏资本请来翠西娅·帕特里克，以及我提名的凯瑟琳·亨利。另一个重大变化是，盖璞前 CEO 格伦·墨菲被任命为联席主席，显然是为那位问题多多的 CEO 做备份。迈克尔·凯西被免去董事会主席一职（但在撰写本书时，他仍留在董事会中）。

在 2018 年虚拟年度股东大会上，我提了三个问题，另一位股东提了一个问题。与来自安宏资本的戴维·穆塞菲尔一起担任联席主席的格伦·墨菲回答了我的一个问题以及另一位股东的问题。然后他继续说："我们只收到了两个问题，我们只有两个问题。"格伦公然对股东撒谎，因为在虚拟会议中，他周围都是律师和顾问。

显然，如果格伦会在这样的公开场合撒谎，我不得不假定他所说的一切都是在撒谎。由于其他董事会成员知道格伦在撒谎，因此只能猜测他们也不能被信任（读者可以在 chipwilson.com 上收听 2019 年虚拟年度股东大会的录音，包括高管对股东问题的回答，自行做出评估）。

## 董事会不称职的证据

"lululemon 的董事们辜负了投资者的期望，lululemon 现在将永远只有其可能市值的一半。

公司法教授史蒂文·戴维多夫·所罗门在《纽约时报》上曾发表过一篇文章（非常凑巧的是，文章恰好是在 lululemon 首次虚拟年度股东大会前几天发表的），他在文中直言，虚拟股东大会"是一个坏主意，因为主持会议的人员可以私下查看和管控股东提出的问题，而无须广播给其他与会者，所以它纵容公司处理那些惹麻烦的股东以及他们提出的往往令人不舒服的问题"。[1] 所罗门谈到了一些对股东问答部分进行精心挑

---

[1] Steven Davidoff Solomon, "Online Shareholders' Meetings Lower Costs, but Also Interaction," *The New York Times*, June 1, 2016, www.nytimes.com/2016/06/01/business/dealbook/online-shareholder-meetings-lower-costs-but-also-interaction.html?emc=edit_dlbkpm_20160531&nl=%3Fnl%3Ddlbk&nlid=51768508&_r=0.

选的虚拟股东大会，以及机构投资者委员会如何坚决反对虚拟股东大会。

我永远无法说服董事会相信公司的经营状况多么糟糕，特别是 2011—2017 年这段时间。对于业务不可量化的部分（品牌、产品和文化），唯一可能的检验指标是绘制一张为期五年的图表，将 lululemon 与一批体育公司和股票大势做比较。从 2013 年 1 月 1 日到 2018 年 1 月 1 日，lululemon 的股价从 74.02 美元涨至 79.69 美元，折算成年化回报率是 1.49%。而同期其他是体育用品竞争对手（安德玛、耐克和阿迪达斯）的年化回报率为 16.98%，纳斯达克的总体回报率为 18.95%。

换一种说法，如果你在同一时期（2013 年 1 月 1 日至 2018 年 1 月 1 日）投资了 100 美元，那么你将从 lululemon 获利 8 美元。而同样的 100 美元投资，你可以从 lululemon 的体育用品竞争对手那里平均赚到 119 美元，从纳斯达克赚到 138 美元。

由于 lululemon 错过了行业最重要的五年增长期，因此可以推断出其未来的价值。五年来的碌碌无为导致 lululemon 的基数很小，在这么小的基数上，即使是大比例增长也无法与大基数之上 10% 的增长相媲美，而假如 lululemon 在 2011 年以后能够延续其现象级的惊人增长，本来是可以把基数做大的。因此，即使 lululemon 在 2020 年的价值为 320 亿美元，人们也会说 lululemon 本来还可以再增值一倍。然而，我猜董事会还是会确保那些造成巨大损失的董事（玛蒂·莫菲特、格伦·墨菲、迈克尔·凯西、艾米莉·怀特、戴维·穆塞菲尔等）得到表彰奖励，并对他们不吝溢美之词。这很自然，历史总是由赢得战争的人书写的嘛。

当我被问及对于 2020 年 lululemon 价值 320 亿美元做何感想时，我通常会说公司的价值本来应该翻番，许多人对此感到不可思议。我的观点是，亚马逊的杰夫·贝佐斯拒绝屈服于那些希望亚马逊停止投资并开始表现出盈利迹象的分析师。如果贝佐斯停止对亚马逊的增长进行投资，那么公司可能也就是其目前 1 万亿美元市值的一半，而人们仍然会认为这是一家伟大的公司。同样，lululemon 的董事们辜负了投资者的期望，lululemon 现在只有其可能市值的一半。

# 站在风口上

"lululemon 自然摆脱了五年的困境。"

站在风口，猪都能飞起来。2017 年下半年至 2020 年，美国股市迎来有史以来最大一轮股票增值行情。如果仅仅观察 lululemon 在这 30 个月的表现，那自然可以用"惊艳"二字来形容。但如果放到一个更长的时间范围内考量，就只能说"不错"了。有人会问，lululemon 的市值增加难道不是董事会长期战略的结果吗？还是让我罗列其他一些利好因素吧：

1. 投资者已经确定 lululemon 能够经受住亚马逊效应的考验并幸存下来。
2. 董事会实施了大规模的股票回购，从而推高了股价。

3. 美国经济过热，消费者以创纪录的速度花钱购买各类消费品。

4. 联邦政府将公司税降至接近历史最低点，从而创造巨大的超出预期的即时利润。低税率正在将国际资金推向美国股市，从而产生了前所未有的需求。

5. 我的策略发挥了作用，即改变董事会的动态关系，向 lululemon 派驻新董事，最终目标是替换不胜任的 CEO。

6. lululemon 商业模式的其余基础仍然有效，并且 lululemon 自然摆脱了五年的困境。

7. 安德玛在 2017 年初经历了崩溃，其他体育用品公司占据了市场份额。在过去的 30 个月中，所有体育用品公司的股价都取得了惊人的表现。

# 想象一下这种场景

"如果富有创造力的产品开发人员和
金融运营人员可以欣赏各自贡献的才智，
那么公司将获得三倍的协同乘数效应。"

如果上市公司董事会成员绝大多数都是富有远见和创造力的品牌/产品人员，那么公司将拥有巨大的品牌影响力，并提供创新的高利润产品。但这类董事属于偏才，在将产品推向市场以及用适当的方式计算利润得失方面会遇到麻烦。这类董事会为管理层和公司价值提供一倍乘数效应。相反，如果董事会主要由运营人员或金融私募股权投资人组成，那么公司在计算利润得失方面会表现得非常出色，但对于创新产品和差异化品牌战略可能带来多少销售额和利润就不甚了了。这种类型的董事会也会为管理层和公司价值提供一倍乘数效应。

但是，如果富有创造力的产品开发人员和金融运营人员可以欣赏各自贡献的才智，那么公司将获得三倍的协同乘数效应。

2018年2月，lululemon股价上涨创造了一次难得的公关机会，可以让公司"请走"其CEO洛朗·波得万而不会触发股价波动。这意味着八年来，董事会一直没有完成其首要任务，确保出色的领导层或领导层后备力量。尽管最近股价上涨，但在没有称职的CEO和其他高层管理人员的情况下公司已经损失了数十亿美元。

董事长格伦·墨菲公开表示，lululemon致力于寻找与公司文化相契合的CEO。至于如何与公司文化相契合，董事会的对策很简单，重新定义文化就行了。他们可以改变文化以适应他们的明星候选人的需要，然后支持这种变化，声称文化需要随着公司的发展而发展。

挑战在于，文化需要自上而下地得到接受与拥护。只有上下同欲，才算成功。

让洛朗走人为 lululemon 带来了巨大的机会。lululemon 需要一位深谙西海岸文化细微差异的运动员担任 CEO，一位懂得如何身体力行、克服障碍的人。

从很多方面来看，lululemon 与个人一样，都形成了一套自己独创的生存方式。就 lululemon 而言，它选择的生存方式就是不出格，不冒险，不当出头鸟。而 lululemon 从这种生存机制中获得的是无障碍的增量成长。不会有人去回应某些极端社交媒体的挑衅，诉讼被尽可能避免，机构股东也很稳定，毫无动摇的迹象。在局外人看来，lululemon 似乎是受到大人管束的乖宝宝。

另一方面，lululemon 的生存机制也使它失去了很多东西。它吸引不到具有企业家进取精神的员工，或是期待从上级那里获得导师般帮扶的新的顶尖人才。它不会从错误中学习并进行相应的调整，也生成不了突破性的创意，因为它们被认为太冒险了。

# 多元化和公共关系

---

"最好的解决方案是弄清楚如何能让那些富有创造力的人疯狂到想成为上市公司董事会的成员。"

肯定有媒体刻意忽略长期股票回报，但恰恰就是这些媒体，会刊登那些毫无意义的新闻报道来支持无关紧要的短期收益。我认为，董事会花一个小时讨论和反思失去的五年不失为明智之举，可以避免历史重演。

我们的股东、员工和客户都深受其害，但他们永远不知道当时的潜力究竟有多大。lululemon 有能力抢在客户意识到自己想要创新之前向他们提供创新，并馈赠只有长线思维才能提供的诸多厚礼——能够建立竞争优势，打造品牌，创造高利润并保持非凡动力的礼物。如果 lululemon 用手里的数十亿美元现金来扩展业务，而不是继续回购股票，那该有多好！回购股票是没有想象力的最后手段。

只注重短期利益的那帮人为了从 lululemon 身上攫取利润而开动脑筋，花样百出，所以我也只好借助本书要求董事会考虑那些具备成长型思维的董事，因为只有这样的董事才会以不同的方式处理每一天的工作，只有这样的董事才不会理睬那些耸人听闻的媒体，只会听取事关重点客户的重要意见，也只有这样的董事才会聘请和激励管理层立足长远，放眼未来。

吸引多元化人才加入董事会，使董事会保持适当的多样性，这是一项艰巨的工作，因为开拓性创意受到挫败会使那些富有创造力或远见的人停下参与的脚步。最好的解决方案是弄清楚如何能让那些富有创造力的人疯狂到想成为上市公司董事会的成员。这些人是充满创造力的初创企业创始人，而 lululemon 可以收购他们创办的公司。很多资料显示，上市公司如果有创始人参与管理，其所产生的价值会远远高于采用其他模式经营的公司。

我欣赏那些与我的成长型思维想法不同的人，我的人生成功正来源于此。在当今这个社交媒体时代，我也许已经成为某种累赘，但命运的钟摆仍然可能会重新摆向那些追求真诚率性而非躲在公关面具之后的人。为了寻找市场空间，我不断挑战社会、政治、人际关系和服装行业的现状。而我的做法之一就是大声说出心中所想。那些安于现状的人并不总是同意我的看法。

lululemon 的董事们可能会继续捍卫他们的公司管理之道，因为这本小书并不会增加他们的短期利益。大家可以想象到，我在可口可乐、百事可乐、纽约时尚媒体、华尔街分析师或 lululemon 董事会中没有什么好朋友。因此，确保本书不会取得成功最符合他们的利益，因为书中内容会冲击他们的声誉和利润。这些实体拥有庞大的公关机器，用阴谋论的心理去揣度，他们会开足马力破坏这本书。

从许多方面来看，这都是一套绝妙的体制。lululemon 的董事们获得了他们想要的东西，公关顾问编写故事并获得报酬，商业记者不必为自己的报道绞尽脑汁，而新闻媒体则获得了低成本的内容。这是一种多赢的局面……除非你在乎真相。

我希望本书的结论能重塑 lululemon 的基础，但改变需要时间、耐心和投入。如果员工们的做事方式与 lululemon 的董事们一个样子，那他们早就被解雇了。正如我已经揭示的那样，lululemon 的治理模式可以保护董事不会受到他们加给员工那种程度的问责。这种能够自我延续的平庸可能使公司陷入另一个黑暗时期。2013—2018 年对 lululemon 来说完全是倒退。它是一场失败，有很多教训需要吸取。

2018 年 7 月，lululemon 宣布由加尔文·麦克唐纳出任 CEO。加尔文令人兴奋的地方在于他是一名运动员，这可能是新时代的一个伟大开始。

我仍然是 lululemon 最大的股东，并且我将继续为它的成功摇旗呐喊，加油助威。

# 凡经我手俱化成金（70% 的可能性）

"我们现在知道，在尝试用 5 年时间建立一家价值 10 亿美元公司的过程中出了什么问题。"

由于我未能实现在 5 年内建立一家价值 10 亿美元公司的目标，于是我们将 Kit & Ace 卖给了员工。由于未能成功实现这一目标，我和家人之间也出现了分裂和不信任感。我赔了很多钱。不过我和家人现在相处得很好，而且我们掌握了极少人知道的东西。我们现在知道，在尝试用 5 年时间建立一家价值 10 亿美元公司的过程中出了什么问题。

我花 20 年时间接受了我的威斯特比奇 MBA 培训，那段时间我没挣到什么钱，但却获得了打造 lululemon 所需的关键知识。

而我后来未能在5年内建立一家价值10亿美元的公司，主要是遇到了三个关键瓶颈：

1. 在与家族成员进行生意合作之前，要建立清晰的治理结构和问责制度。
2. 没有时间让企业文化慢慢从内部自然生成。打造一家快速增长的企业只需要少数几名员工，把所有能外包的工作全部外包，同时利用好人工智能、虚拟现实和增强现实等技术手段。
3. 为了企业增长而投入过多资金会削弱员工创造性地解决问题的能力。资金流受限实际上可以产生一家更强大的公司。

我要创造的未来是一家诚信至上的公司。这家公司的公开季度业绩会议是真实的，CEO可以回答问题而不必担心短期后果。这家公司的领导者将培养出更多领导者。这家公司拥有多元化的董事会，对固定型思维和成长型思维都很重视。这家公司由运动员驱动品牌、产品和创新。我梦想成为以人为本的世界第一大技术服装和跑鞋公司的合作伙伴，而这个梦想极有可能会实现。这家公司就是亚玛芬，它让我每天起床时都精神百倍，随时准备听候召唤，提供力所能及的支持。

优秀是伟大的敌人。

# 我的个人展望

"对于某些理念来说,
在人生中领悟得越早,成就越大。"

如果你想了解是怎样的一种文化结构造就了 lululemon 这家伟大的公司,那我鼓励你阅读詹姆斯·克尔所著的《全黑军团》一书。该书描写了新西兰一支名叫全黑队的英式橄榄球队,它是公认的有史以来最成功的运动队之一。在阅读有关该运动队的报道时,我有时会以为我读到的是 lululemon 的故事。我甚至在其中读到一些金玉良言,它们直接引自那些塑造了 lululemon 企业文化表述的图书。这是一本很棒的商业图书,我推荐所有人读一读。

我特别喜欢给 20~40 岁的人指点迷津，传道解惑。对于某些理念，在人生中领悟得越早，成就越大（我多么希望自己在 20 多岁的时候就能领悟到人生中最重要的一些东西，而不用等到 40 多岁）。每当我因为向年轻人提供有关生活、家庭、社区和生意的建议而收获谢意时，我总是回应说他们总有一天也会到我这个年纪，如果他们也像我这样传递关爱之心，别人也会以同样的方式感谢他们。

我对 lululemon 的梦想是，它的业务模式能够为如何经营更多业务提供模板。也许"提振世界"（结合"六度分隔"理论[①]）对世界的影响比我所知道的更大。我最近参加了美国全国公共广播电台盖伊·罗兹的播客节目《我如何做到这一点》，又和网飞《解释一切》栏目专门制作了一期"运动休闲风"节目，讲述了 lululemon 的故事，但是我总感觉他们并没有把故事讲完整，因为编辑和偏见传递了错误的关键信息。我感到盖伊·罗兹情不自禁就是要延续彭博采访我时营造的那种哗

---

[①] 1967 年，哈佛大学心理学教授斯坦利·米尔戈拉姆为了描绘一个人与社区的人际联系网，做过一次连锁信实验，结果发现了"六度分隔"现象，可通俗地将其阐述为："你和任何一个陌生人之间所间隔的人不会超过六个，也就是说，最多通过六个人你就能够认识任何一个陌生人。"

众取宠的效果。而"运动休闲风"节目组的工作人员都常驻纽约，我觉得他们特别想把运动休闲时尚的历史嫁接到"嘻哈音乐"上，甚至为此忽略了冲浪/滑冰市场创造的连帽衫。他们的眼里只有东海岸那块地方。

我一直花费时日努力保持和延续在技术服装领域的世界一流水平。为了进一步提高自身技能，我给自己挑选了100本商业名著，现在正在阅读第三本。我喜欢参加由彼得·戴曼迪斯（X大奖和奇点大学创始人）举办的 Abundance 360 会议，了解未来创新的融合之势。